Silence, je crée...

Mes petits meubles en carton

créations en cartonnage pour toute la maison

ISBN : 978-2-84567-430-1
Dépôt légal : janvier 2008
Achevé d'imprimer : décembre 2007
Imprimé en Espagne

Tana éditions
16-24, rue Cabanis - 12, villa de Lourcine
75014 Paris
www.tana.fr

Silence, je crée...

Mes petits meubles en carton

créations en cartonnage pour toute la maison

Créations
Dominique Augagneur

photos
Isabelle Schaff

Tana
éditions

Avant-propos

Création, ma muse !

Cet ouvrage est avant tout conçu comme un livre de création, et la technique n'y est pas toujours expliquée en détail. Il fallait faire un choix, qui a été celui de vous donner en priorité des idées ; j'espère que vous serez comblés.

Kraft, mon ami !

Vous le constatez par vous-même, l'industrie moderne nous concocte sans cesse des produits de plus en plus sophistiqués. En revanche, il en est un qui garde toute sa place : le papier kraft !

L'encyclopédie en donne cette définition :

« Le papier kraft est un type de papier très résistant utilisé pour les emballages solides (doublage de sacs de plâtre ou d'engrais) ; il est le plus souvent encollé, frictionné et vergé sur une face. Il présente un lignage typique. Fabriqué à partir de pâte écrue de bois de résineux, pin, sapin, il est généralement utilisé dans sa couleur naturelle. »

Noble car naturel, il m'a rendu de fiers services pour confectionner tous les petits meubles que vous allez découvrir dans cet ouvrage.

En bandes ou en feuilles, il vous permettra de doubler tous les volumes avant de les recouvrir de tissu, de Skivertex®, de cuir, de papier, de raphia ou d'autres matériaux divers et variés afin d'unifier vos montages et de les rendre plus résistants !

Colle, ma compagne !

Qu'elle soit vinylique, blanche ou Néoprène, il vous en faudra une bonne quantité pour réaliser tous ces objets. Pensez à bien suivre mes conseils sur ce point pour réaliser des petits meubles solides et résistants au... temps !

Ma mallette d'outils pour… cartonner !

- Portemine à pointe fine
- Réglette métallique
- Compas ou compas à pointe sèche
- Plioir
- Paires de ciseaux (deux tailles) et paire de ciseaux cranteurs
- Pinceau plat
- Rouleau en mousse pour encoller les grandes surfaces
- Cutter
- Emporte-pièce, poinçon, tournevis
- Marteau
- Colle Néoprène gel et colle vinylique blanche
- Papier de verre
- Kraft gommé de 3,4 cm de large et kraft en feuilles
- Pinces à linge ou à dessin
- Chiffon
- Embossoir

Conseils techniques

LES MATÉRIAUX DE BASE

Le carton gris de 3 mm. Il existe aussi dans d'autres épaisseurs (1,5, 2, 2,5 mm, voire davantage), mais celui-ci remporte tous les suffrages pour les objets plus importants que nous allons réaliser. Les feuilles mesurent généralement 80 cm x 120 cm.

La cartonnette de 0,7 mm. C'est un carton bois de pH neutre, souple et de couleur ivoire, qui « roule » et convient bien aux volumes ronds et pour certaines hausses. Les feuilles mesurent généralement 80 cm x 120 cm.

La carte bulle. Parfois aussi nommée « rigidex »., elle sert à doubler les intérieurs et à cacher certaines imperfections. Elle existe dans des grammages différents, nous utiliserons celle de 250 g. Les feuilles mesurent généralement 50 cm x 65 cm.

Le kraft en feuilles. Il assurera la solidité de vos meubles. Il est fortement conseillé de les recouvrir de kraft avant l'habillage ; cette étape unifiera votre volume et lui conférera une grande résistance !

AU TRAVAIL

Pensez à lire les conseils techniques et les explications complètes de l'objet que vous allez réaliser avant de vous mettre au travail afin de vous en faire le film dans la tête et d'imaginer les différentes étapes. Observez bien les photos, qui vous donneront aussi de précieux renseignements.

L'utilisation de la colle

Par principe, on encolle toujours le carton ou la carte bulle plutôt que le papier ou le tissu. Le plioir sert à lisser pour éviter les « bulles » et rendre le travail plus net. La colle blanche vinylique sert pour tous les supports et doit être passée en couche uniforme. Pour tous les points délicats, il est utile de passer deux couches après un léger temps de séchage. Ne vous précipitez pas pour coller deux surfaces entre elles, mais attendez plutôt que la colle devienne « amoureuse », c'est-à-dire que le pouvoir « humide » soit rentré dans le matériau et qu'il ne reste à la surface que le pouvoir « collant ». N'hésitez pas à mettre une double couche de colle sur les bords pour les assemblages délicats. Pour éviter les taches de colle, ayez toujours à portée de main un chiffon humide pour nettoyer régulièrement outils, mains, plan de coupe... Vous pouvez aussi utiliser un magazine comme « macule » et tourner les pages à chaque encollage. La colle Néoprène gel sert pour le montage des volumes plus « délicats » mais ne dispense pas de l'usage du kraft. Elle s'applique sur les deux faces qui vont être jointes entre elles. Il est indispensable d'attendre quelques minutes avant de positionner les pièces entre elles et de presser fortement. L'usage du Skivertex® vous permet d'avoir recours au chiffon humide pour enlever les taches de colle ; pour les autres supports, soyez vigilant et nettoyez régulièrement plioir et mains.

Le travail des angles

Pour le travail des angles « à plat », s'il s'agit de carton, évidez en arrondi au bord du carton en laissant à peu près 3 mm entre le carton et le coup de ciseaux puis rabattez un côté puis l'autre en rentrant avec l'ongle ce qui correspond aux 3 mm réservés.
S'il s'agit de carte bulle, rabattez les deux bords adjacents à l'angle, pincez au niveau de l'angle en « oreille de souris » et, avec les ciseaux, coupez de façon à finir l'angle selon sa bissectrice.
Dans les deux cas, lissez bien au plioir plat.

Le montage des volumes

Utilisez du kraft gommé que vous encollerez pour une plus grande solidité et commencez par les longueurs qui ont la même taille que la longueur de la base puis par les largeurs qui, elles, ont 0,6 cm en plus (= épaisseurs des deux longueurs). Longueurs comme largeurs sont montées à l'extérieur de la base. Il est utile d'utiliser du kraft à l'extérieur et à l'intérieur ainsi que sur les arêtes. Ensuite, et avant d'habiller votre création, il est utile également de recouvrir l'extérieur d'une feuille de kraft qui, grâce à ses qualités, donnera à votre meuble toute la solidité nécessaire à son usage.

Le montage des tiroirs

Pour le montage des tiroirs, les côtés sont montés sur la base et non à l'extérieur.
Pour les habillages, évitez toute surépaisseur en évidant au maximum.
Lorsque vous collez deux épaisseurs de Skivertex® ensemble, poncez au papier de verre et/ ou collez une bande de kraft pour une meilleure adhérence.

L'habillage des intérieurs de volume

Pour l'habillage des intérieurs, découpez des cartes bulle de 1 à 2 mm plus petites que les plats à recouvrir.

Pour cet habillage, procédez en tournant : la première carte bulle est « rembordée » (voir lexique) en haut et « ouverte » sur les trois autres côtés, les deuxième et troisième sont rembordées en haut et sur le côté mitoyen à la précédente et ouvertes sur le troisième côté et sur le fond, la quatrième est ouverte uniquement sur le fond. On termine par une carte bulle fermée tout autour pour l'habillage du fond.

Le séchage en charge ou « sous presse »

Pour éviter que le carton ne se gondole ou ne se déforme en séchant, il est très utile de faire sécher votre objet sous des poids ou même en charge. Par exemple, pour le casier du fauteuil, placez des livres dans les intervalles.

Le montage à la colle Néoprène

Idéal pour le montage de volumes un peu plus délicats comme le rond (vitrine ronde) ou le montage par incision des hexagones ou octogones (fauteuil). N'oubliez pas de laisser sécher de 2 à 3 min avant de positionner et de presser.

Cette technique permet des montages plus « audacieux » et plus rapides, mais ne dispense pas pour autant de consolider au kraft si vous souhaitez longue vie à votre réalisation.

La technique de l'incision

Pour un montage plus facile et plus rapide des volumes hexagonaux ou octogonaux, il est recommandé d'inciser la bande du tour, c'est-à-dire de fendre sans couper en donnant seulement un coup de cutter « franc » et ensuite en pliant.

Cette technique s'adapte mal aux volumes carrés ou rectangulaires, car ici les angles sont à 45°.

Lexique

Biseauter : évider l'épaisseur du carton en biseau à 45° de façon à assurer un montage d'angle aigu.

Cranter : fendre le matériau selon des lignes rapprochées de façon à rabattre et à mieux épouser une ligne courbe.

Évider : pour le travail des angles, enlever les surépaisseurs de façon qu'il n'y ait pas plus de deux épaisseurs de papier, de tissu ou de Skivertex® l'une sur l'autre. Se dit aussi pour une fenêtre à ouvrir dans le carton ou la carte bulle.

« Fermer tout autour » : après avoir collé le carton ou la carte bulle sur le support, on remborde celui-ci de façon à l'habiller complètement, sans bords « à vif ».

Habiller « à vif » : ne pas rabattre, couper net tout autour du carton ou de la carte bulle.

Inciser : tracer un coup de cutter sur une ligne de façon à entailler le carton et ensuite plier pour assurer un montage en volume ; cette incision se fait à mi-carton et ne doit pas le couper sur toute son épaisseur.

Kraft : bande de papier gommé que l'on encolle pour monter les volumes ou assurer fixation et solidité. Dans le montage des volumes, il est recommandé de l'appliquer à l'extérieur comme à l'intérieur. Il existe également en feuilles, qui seront utilisées largement dans cet ouvrage.

Molletonnage : habillage d'une couche de mousse entre le carton et le matériau utilisé.

Plioir : outil en résine utilisé pour lisser ou marquer un pli.

Remborder : retourner le matériau utilisé (tissu, papier...) sur l'intérieur de la carte bulle ou du carton (on peut dire aussi « fermer »).

Sens qui « roule » : pour la cartonnette, il y a un sens qui « roule » et un qui « casse ». Attention d'en tenir compte pour le rabat de l'étui de portable et le tour de la base.

Skivertex® : matériau à grain cuir sur support plastique.

Sous presse : pour tous les objets « à plat », faire sécher ouvert et sous des poids (livres, magazines...) pour éviter que les plats ne gondolent (pendant 24 h).

Travail du relief : pour faire apparaître en relief un motif, des lettres... il suffit de découper le sujet en carte bulle épaisse (au moins 250 g) et de le coller sur le carton ou la carte bulle avant de recouvrir du matériau. Celui qui convient le mieux est le Skivertex®. Travaillez bien ensuite le contour du motif au plioir puis fignolez à l'aide de l'embossoir. Vous allez pouvoir jouer sur le contraste « en creux » et en « bosse », principalement sur les côtés du range-CDs.

J'AIME LIRE
À PARTIR DE 7 ANS
GIGANTESQUES GRATTE-CIEL
LE CHEF DES CHEFS
À quoi joue-t-on ? Au foot, à la maîtresse ? Tom-Tom, Nana, Sophie et Rémi ne sont d'accord sur rien. Il faut élire un chef ou plutôt un président des vacances...

Les costumes historiques
Les costumes du monde
Les maisons
Les outils
Les engins de chantier
Les voitures les trains
Les bateaux
Les avions les hélicoptères
Les instruments de musique
SEUIL JEUNESSE
JOËLLE JOLIVET

Silence… je lis !

Petit banc de lecture avec tout sous la main pour voyage sans escale au pays de l'imaginaire !

1 Découpez dans le carton gris de 3 mm le devant et le dos du banc (voir croquis).

2 Découpez dans le carton gris de 3 mm :
- les côtés extérieurs de 20 cm x 38 cm ;
- les côtés intérieurs de 20 cm x 25 cm ;
- les bords supérieurs et inférieurs (= base supérieure et base inférieure) de 8 cm x 19,4 cm.

3 Découpez dans le carton gris de 2 mm :
- le dessus de l'assise de 53 cm x 19,6 cm ;
- le dessous de l'assise de 45,5 cm x 19,6 cm.

4 Procédez maintenant au montage de ces différentes pièces entre elles. Fixez dos et devant aux 4 bases puis les côtés extérieurs et intérieurs. Terminez par le galbe de l'assise dessus et dessous. Recouvrez tout le volume avec du kraft avec beaucoup de soin et laissez bien sécher avant de continuer.

5 Procédez maintenant à l'habillage. Commencez par les 2 faces (devant et dos) en papier italien rembordé tout autour. Continuez ensuite par les hauteurs intérieures en carte bulle habillée de toile cirée puis par le dessous de l'assise elle aussi en toile cirée, habillez ensuite les dessus des côtés et enfin la hauteur extérieure droite en Skivertex® turquoise (le côté gauche sera fermé par le casier à livres). Terminez l'habillage du banc par l'assise du dessus qui est en cartonnette habillée de molleton et de toile cirée.

6 Tous ces matériaux ne sont pas faciles à coller entre eux, aussi prenez le temps de coller des bandes de kraft sur les bords intérieurs afin d'assurer une adhérence optimale.

7 Procédez maintenant au montage du casier : base de 5 cm x 19,4 cm, devant de 19,4 cm x 38 cm, dos de 19,4 cm x 38 cm, côtés de 5,6 cm x 25 cm (voir découpe sur croquis). Dos et devant sont montés à l'extérieur de la base, puis viennent les côtés.

8 Habillez ce casier en jouant sur les 3 matériaux et fixez le tout sur le côté gauche de votre banc.

fournitures de base

1 feuille de carton gris de 3 mm

1 bande de 53 cm x 20 cm et 1 bande de 45,5 cm x 20 cm de carton gris de 2 mm

2 feuilles de carte bulle

1 bande de 53 cm x 19,6 cm et 1 bande de 45,5 cm x 19,6 cm de cartonnette

habillage

Papier italien cerf-volant

1 m de toile cirée rouge

1 feuille de Skivertex® turquoise

Molleton de 60 cm x 40 cm

3 rouleaux de récup' de 1 m x 4 cm de diamètre

1 kit électrique

1 kg de sable

matériel

Matériel de base

Silence... je lis ! (suite)

9 Terminez par la réalisation du lampadaire qui se compose de 3 rouleaux de carton de « récup' » habillés de papier italien, reliés entre eux par des bandes de Skivertex® et de toile cirée découpées aux ciseaux cranteurs. Le montage électrique passe au milieu de ces 3 rouleaux. La base et le dessus sont réalisés à l'aide d'un triangle équilatéral de 13 cm de côté et d'un rebord de 3 cm de hauteur. Après les avoir habillés des différents matériaux, collez celui de la base aux 3 rouleaux.

10 Remplissez ensuite de sable les rouleaux pour leur assurer une bonne stabilité et percez enfin le triangle du dessus pour y faire passer le montage électrique. Fixez l'ensemble sur le côté gauche du banc Et maintenant... silence ! Votre enfant lit !

– Cornegidouille
J'AIME LIRE
À PARTIR DE 7 ANS
GIGANTESQUES GRATTE-CIEL
Dix, cent étages... ils sont fous, ces gratte-ciel de New York ! Et ce ne sont pas les jeux qui manquent.
LE CHEF DES CHEFS
À quoi joue-t-on ? Au foot, à la maîtresse ? Tom-Tom, Nana, Sophie et Rémi ne sont d'accord sur rien. Il faut élire un chef ou plutôt un président des vacances...
ES MAÎTRES DE L'OMBRE
Réalise les portraits-silhouettes de tes copains.

Un volume… trois applications !

Lampe, photophore ou lampadaire, ce même volume trouvera son expression dans votre living et vous séduira par sa réalisation simple et rapide.

Lampadaire

1 Découpez dans le carton gris 7 bases de 20 cm x 20 cm ; 5 d'entre elles seront évidées à 3 cm du bord.

2 Découpez dans la cartonnette (attention, dans le sens qui roule !) 24 fois le gabarit du croquis.

3 Procédez maintenant au montage de votre lampadaire, étage par etage. Ce montage se fait à la Néoprène en enduisant la tranche de la base, le bord inférieur et supérieur de chaque face ainsi que la tranche de ces mêmes faces. Positionnez ensuite ces 4 faces autour de la base en insistant bien sur les tranches afin d'obtenir le galbe de chaque étage.

4 Les 2 bases « en plein » servent pour le haut et le bas.

5 Kraftez et consolidez au kraft tous ces volumes.

6 Procédez maintenant à l'habillage de chaque étage : habillez les faces paires en rembordant tout autour puis les faces impaires en rembordant en haut et en bas et « à vif » sur les arêtes des angles.

7 Faites un trou à l'emporte-pièce dans l'angle inférieur de la base pour le passage du fil.

8 Déposez dans ce même étage du bas 1 sac de sable bien sec et bien fermé.

9 Collez ensuite les différents étages les uns sur les autres en ayant soin de faire suivre le fil électrique. Terminez par celui dont la base est en plein et sur lequel vous procéderez au montage électrique après avoir fini le dessus avec une carte bulle habillée de papier peint et fermée tout autour.

10 Pour une meilleure finition, collez à la Néoprène une ganse « queue de rat » noire à l'intersection des différents étages afin de cacher la jonction.

fournitures

de base

1/4 de feuille de carton gris de 3 mm

1 feuille de cartonnette

1 feuille de carte bulle de 150 g

Habillage

1 rouleau de papier noir

peint motif damassé

2 sacs de sable

1 feuille de papier japonais ivoire

3 kits électriques

20 cm de Polyphane adhésif

5 m de queue de rat noire

matériel

Matériel de base

Un volume... trois applications ! (suite)

Lampe

1 Découpez dans le carton gris 4 bases de 10 cm x 10 cm dont 2 évidées à 2 cm du bord.

2 Découpez dans la cartonnette 12 faces de 10 cm x 14 cm (voir croquis).

3 Procédez pour le montage, l'habillage et les finitions de la même façon que précédemment.

Photophore... électrique !

1 Découpez dans le carton gris 2 bases de 30 cm x 20 cm qui seront évidées à 3 cm du bord.

2 Découpez une autre base de 30 cm x 2 cm qui servira de support au montage électrique.

3 Découpez dans la cartonnette les 4 faces du photophore (voir croquis), laissez agir votre imagination en toute liberté pour la disposition des cercles qui seront ensuite évidés.

4 Montez ces 4 faces entre ces 2 bases et consolidez au kraft.

5 Habillez comme précédemment de papier peint en crantant et évidant au niveau des ouvertures pour obtenir de jolis arrondis (voir conseils techniques).

6 Découpez dans le Polyphane le même gabarit des 4 faces et un de 30 cm x 20 cm pour le dessus, habillez-les de papier japonais ivoire et collez-les à l'intérieur du photophore à l'aide de la colle Néoprène.

7 Pour le dessus, préparez une carte bulle de 30 cm x 20 cm évidée d'une fenêtre à 3 cm du bord. Habillez-la de papier peint rembordé sur les côtés extérieurs, collez-la sur le dessus et rembordez les retours de la fenêtre sur l'intérieur du volume. Fixez maintenant à l'intérieur le Polyphane préparé à cet effet.

8 Ménagez un orifice au poinçon dans un angle inférieur pour y passer le fil électrique. Préparez maintenant le montage électrique sur une cartonnette de 30 cm x 20 cm au milieu de laquelle vous aurez collé la partie évidée de la base (soit 24 cm x 14 cm) qui permettra d'assurer la fermeture du photophore.

Squier MINI
CD-R
COLOUR
VOLUME
TONE

Range-CDs

Que vous soyez « lolita », ado branchée ou femme « libérée », cette tour pour CDs aura tous vos suffrages par sa séduction… tous horizons !

1 Découpez dans le carton gris :
- Les 2 faces (dos et façade) de 78,5 cm x 20 cm évidées à 3,5 cm du bord (voir croquis) ;
- les côtés de 78,5 cm x 14 cm ;
- les 2 bases (haut et bas) de 20 cm x 13,5 cm ;
- les 2 côtés intérieurs de 71,5 cm x 14 cm ;
- les 2 bases intérieures (haut et bas) de 13,5 cm x 13 cm ;
- les 8 bases pour les étagères de 14 cm x 13,5 cm.

2 Procédez maintenant au montage : dos et façade à l'extérieur des 2 bases du dessus et dessous, puis côtés extérieurs, puis côtés et bases intérieurs et enfin les étagères qui sont collées deux à deux et fixées à l'intérieur de façon à former 5 intervalles réguliers (13,5 cm).

3 Découpez dans la carte bulle quelques cœurs de tailles différentes et collez-les sur les côtés extérieurs, habillez ces mêmes côtés à l'aide du Skivertex® rembordé tout autour. Travaillez bien ces formes au plioir pour en faire ressortir le relief.

4 Dans une carte bulle de 20,5 cm x 14 cm, évidez au cutter la forme de quelques cœurs, habillez cette carte bulle de Skivertex® et évidez au niveau des cœurs, collez sous cette carte bulle un morceau de papier « roses » et collez le tout sur le dessus.

5 Même finition sur le dessous en Skivertex®, mais sans les décors.

6 À l'aide de bandes de Skivertex® de 3 cm x 15 cm, habillez la tranche des 5 étagères sur la façade et sur le dos.

7 Habillez l'intérieur des niches en tournant comme pour l'habillage d'une boîte. Attention, votre objet doit pouvoir se « lire » des 2 côtés.

8 Terminez par l'habillage des faces, façade et dos en cartonnette :
- habillez une des faces de Skivertex® fermée tout autour ; à l'aide d'un emporte-pièce de faible dimension, faites des trous pour y passer les lacets de cuir et réaliser votre « customisation » (voir photo) ;
- habillez l'autre face façon « scrap' » en découpant des bandes de Skivertex® et de papier et en les collant au gré de votre fantaisie…

9 Collez enfin ces 2 faces sur la façade et le dos puis laissez sécher sous presse pendant 24 h au moins.

fournitures de base

1 feuille de carton gris de 3 mm

2 feuilles de carte bulle

2 feuilles de cartonnette de 20 cm x 78,5 cm

habillage

1 feuille de Skivertex® Fuchsia

1 feuille de papier « roses »

2 lacets de cuir roses

matériel

Matériel de base

fournitures de base

1 feuille de carton gris de 3 mm

1 feuille de cartonnette

2 feuilles de carte bulle

Habillage

2 feuilles de Skivertex® jaune

2 feuilles de Skivertex® orange

2 anneaux d'encadrement

matériel

Matériel de base

Tout rond comme un soleil

Une étagère pratique et originale aux couleurs du soleil couchant et qui éclairera chambre, entrée ou salon.

1 Découpez dans le carton gris :
- 1 disque de 30 cm de rayon pour le fond (voir croquis) ;
- les 4 étagères horizontales : 50 cm x 10 cm, 59,5 cm x 10 cm, 58 cm x 10 cm et 45,5 cm x 10 cm ;
- les séparations verticales : 5 fois 12 cm x 10 cm ;
- la séparation verticale de l'étagère du haut : 13,5 cm x 10 cm.

À adapter en fonction de votre montage, en tenant compte de l'épaisseur des étagères.

2 Découpez dans la cartonnette la bande du tour de 190 cm x 10 cm.

3 Après avoir tracé sur le fond du disque l'emplacement des différentes étagères horizontales et des séparations verticales (voir croquis), procédez au montage du volume et des étagères à l'aide de la colle Néoprène, consolidés au kraft gommé et recouverts avant habillage d'une feuille de kraft pour unifier et consolider le tout.

4 Pour l'habillage, commencez par la bande du tour en Skivertex® jaune rembordée sur le fond et le devant en pensant à cranter pour bien épouser les lignes courbes.

5 À l'aide de bandes de Skivertex® jaune de 3 cm de large, habillez toutes les tranches des étagères.

6 Habillez les fonds en Skivertex® jaune directement sur le carton de fond.

7 Préparez maintenant toutes les cartes bulle des étagères verticales et horizontales et procédez à l'habillage des différentes niches avec le Skivertex® orange (voir conseils techniques pour l'habillage des intérieurs).

8 À l'aide des mesures du croquis, procédez à la découpe, au montage et à l'habillage du tiroir du bas.

9 Découpez dans la cartonnette un disque de 30 cm de rayon, habillez-le de Skivertex® jaune, fixez les anneaux d'encadrement au dos à 10 cm du haut et collez le tout sur le dos de l'étagère, faites sécher sous presse.

Traversée de la mer rouge !

Une table de salon en forme de barque dans un décor marin inattendu… sable et mer rouge !

1 Découpez dans le carton gris :
- la base en forme de barque (voir mesures sur croquis) ;
- les pièces de la petite séparation (1 côté de 36 cm x 6 cm, 1 côté de 31 cm x 6 cm, 1 dessus de 36 cm x 5 cm) ;
- les pièces de la grande séparation (2 côtés de 40 cm x 6 cm et 1 dessus de 40 cm x 5 cm) ;
- le grand présentoir à verres (40 cm x 10 cm voir croquis) ;
- le petit présentoir à verres (31 cm x 16,5 cm voir croquis).

2 Découpez dans la cartonnette :
- 2 bandes de 7 cm x 70 cm ;
- 2 bandes de 5,5 cm x 70 cm.

3 Procédez maintenant à l'assemblage de la bande du tour à la base en vous aidant de la colle Néoprène, fixez ensuite les 2 séparations (ajustez les mesures en fonction de votre montage personnel).

4 Consolidez l'ensemble de votre montage au kraft gommé et en feuille.

5 À l'aide de bandes de cuir de 3 cm de large, habillez tout le périmètre de votre barque ainsi que le dessus des séparations.

6 Habillez maintenant en papier italien monté sur carte bulle les intérieurs, terminez par le fond central en peau bordeaux.

7 Préparez les 2 présentoirs à verres en pensant à habiller la tranche des cercles avec une bande de cuir avant de coller la carte bulle (voir conseils techniques pour le crantage).

8 Sur les grands côtés du casier central, posez des cales (36 cm x 3 cm et 40 cm x 3 cm) sur lesquelles viendra se poser le verre minéral.

9 Fixez maintenant le tout sur l'assise en bois préalablement préparée en la collant et en la recouvrant de kraft tout autour.

10 À l'aide des 2 bandes de cartonnette de 5,5 cm de haut habillées en toile de lin, habillez le tour et rembordez sur le dessous du plateau en bois.

11 Habillez enfin « à vif » les 4 pieds.

12 Disposez à votre guise votre décor marin et fixez la vitre à la colle Néoprène. Et maintenant, bon apéro… vous êtes sur la plage !

fournitures de base

1 feuille de carton gris de 3 mm

1 feuille de cartonnette

2 feuilles de carte bulle de 250 g

habillage

peau de couleur bordeaux
1 feuille de papier italien décor corail et coquillages

1 plaque de verre minéral

1 planche de bois de 40 cm x 60 cm (découpée à la forme de la barque)

1 feuille de toile de lin contrecollée

4 pieds de bois de 35 cm de hauteur

Coquillages pour le décor

matériel

Matériel de base

fournitures de base

1 feuille de carton gris de 3 mm

3 feuilles de carte bulle

1 feuille de cartonnette

Habillage

1 feuille de Skivertex® « croco » bleu azur

2 feuilles de papier nymphéa bleu

4 poignées boules blanches en bois

matériel

Matériel de base

Console azurée !

En Skivertex® « croco » bleu, cette console à tiroirs facilitera les rangements de l'entrée autant que ceux d'une chambre ou d'un corridor.

1 Pour le corps de la console, découpez dans le carton gris :
- 3 bases (dessus, dessous et plancher) de 60 cm x 35 cm (voir découpe sur croquis) ;
- 1 dos de 40 cm x 20 cm ;
- 2 côtés de 20,6 cm x 36,5 cm ;
- 1 séparation de 35 cm x 9 cm.

2 Procédez maintenant à l'assemblage du corps : dessus et dessous à l'extérieur du dos puis côtés et ensuite le plancher et la séparation entre les 2 tiroirs du bas.

3 Habillez en Skivertex® bleu cet ensemble en ayant soin d'habiller également les tranches et les séparations.

4 Pour les petits tiroirs, découpez dans le carton gris :
- 2 façades de 30,5 cm x 10 cm ;
- le fond de 34,5 cm x 29 cm (devant) et 19 cm (dos) ;
- les côtés de 8,5 cm x 34 cm.

5 Montez et habillez ces tiroirs (voir conseils techniques) à l'aide de carte bulle habillée de papier nymphéa bleu. Fixez les boutons en bois avant l'habillage intérieur du devant.

6 Pour le grand tiroir, découpez dans le carton gris :
- la façade de 61 cm x 10 cm ;
- le fond de 34,5 cm x 59 cm (devant) et 39 cm (dos) ;
- les côtés de 35,5 cm x 8,5 cm ;
- la séparation médiane intérieure de 33,5 cm x 8,5 cm.

7 Montez et habillez ce grand tiroir. Fixez les boutons en bois comme précédemment.

8 Pour couper la masse du devant, les façades des tiroirs sont agrémentées de reliefs réalisés en cartonnette (voir détails des découpes sur le croquis).

9 Cette console peut se monter sur un piètement en bois ou être fixée à l'aide d'équerres que vous placerez sur la base et dans le mur.

Cendrillon
Secrets

Tutti frutti

Une table de nuit tout en couleurs fruitées et acidulées pour une chambre d'enfant ou d'adolescente en quête d'originalité !

1 Découpez dans le carton gris de 3 mm (corps) :
- 2 bases de 30 cm x 30 cm ;
- 2 « corps » aux mesures du croquis (1 dos en plein et 1 devant avec la découpe à 3 cm du bord) ;
- 1 étagère de 29 cm x 20 cm.

2 Découpez dans le carton gris de 1,5 mm (galbe du corps) 2 rectangles de 46 cm x 30,6 cm (tracez en leur milieu un repère qui servira de ligne de montage pour l'étagère).

3 Découpez dans le carton gris de 3 mm (emboîtage du tiroir) :
- 2 bases de 29,4 cm x 29,4 cm ;
- 1 fond de 29,4 cm x 10 cm ;
- 2 côtés de 29,7 x 10,6 cm.

4 Découpez dans le carton gris de 3 mm (intérieur du tiroir) :
- 1 base de 28 cm x 29 cm ;
- 1 fond de 29 cm x 8 cm ;
- 2 côtés de 28 cm x 8 cm ;
- le panneau du devant de 40 cm x 9,5 cm (découpes suivant le croquis).
- 4 bandes de 3 cm x 30 cm (pieds de la table de nuit).

5 Procédez au montage du corps en vous aidant de la colle Néoprène : commencez par fixer la base du dessous au devant et au dos puis les 2 côtés qui vont épouser le galbe du dos et du devant et enfin le dessus, terminez par la fixation de l'étagère.

6 Consolidez au kraft gommé à l'intérieur comme à l'extérieur.

7 Procédez au montage de l'emboîtage du tiroir et fixez-le ensuite sur le dessus du corps, finalisez le montage en habillant l'ensemble de votre volume à l'aide du papier kraft en feuille.

8 Montez le tiroir (voir conseils techniques pour le montage des tiroirs).

9 Procédez maintenant à l'habillage en tissu et papier « croco » : commencez par les côtés en tissu rayé (appuyez-vous sur les lignes pour bien suivre le galbe). Pour le devant, découpez la forme évidée en cartonnette, habillez-la en « croco » jaune, évidez et fermez tout autour puis fixez-la « hors tout ».

fournitures de base

1 feuille de carton gris de 3 mm

1/2 feuille de carton gris de 1,5 mm

Cartonnette de 50 cm x 30 cm

3 feuilles de carte bulle de 250 g

Habillage

1 m de tissu rayé

3 feuilles de papier « croco », 1 jaune, 1 rose et 1 verte

1 m de tissu à fleurs

1 poignée « fleur »

matériel

Matériel de base

Tutti frutti (suite)

10 Habillez ensuite le dos puis terminez par le dessus et le dessous sur lequel viendront se fixer les « pieds » recouverts de « croco » rose et fermés tout autour.

11 Vous pouvez enfin habiller l'intérieur en commençant par la tranche puis les différentes faces en tissu ou en papier « croco » monté sur carte bulle (c'est toujours ce travail qui donne solidité et finition).

12 Terminez par l'habillage du tiroir en vous inspirant de la photo ou au gré de votre fantaisie. Fixez la poignée avant l'habillage intérieur de la face du devant.

Bonne nuit les petits... cœurs !

Tête de lit douillette et lumineuse pour endormissement angélique !

1 Découpez dans le carton gris les 2 faces de la tête de lit évidées en leur centre du cœur (voir croquis).

2 Découpez à nouveau ces 2 parties en cartonnette.

3 Découpez en cartonnette 2 bandes de 90 cm x 10 cm (tour extérieur) et 2 bandes de 51 cm x 10 cm (tour du cœur).

4 À l'aide de la colle Néoprène, fixez les 2 faces aux 2 bandes qui forment la tranche de la tête de lit, consolidez au kraft gommé puis habillez le tout d'une feuille de kraft pour renforcer et unifier votre travail.

5 À l'aide de 2 bandes de cartonnette de 51 cm x 10 cm, formez et fixez l'épaisseur du cœur, habillez également cette tranche en Skivertex® des 2 coloris.

6 À l'intérieur du volume, au niveau de la base médiane du cœur et de chaque côté, fixez 3 bandes de carton de 20 cm x 10 cm afin que l'ensemble garde son épaisseur de façon uniforme.

7 Dans le Polyphane, découpez un cœur un peu plus grand que la forme, recouvrez-le de papier japonais et collez-le sur le devant.

8 À l'aide d'une bande de Skivertex® rose puis d'une bande verte de 14 cm x 95 cm, habillez la tranche, rembordez sur les 2 faces et à l'intérieur.

9 Habillez en feutrine une des 2 formes en cartonnette (cette partie sera le dos) moitié rose et moitié verte (poser les 2 tissus bord à bord). Rembordez au niveau du cœur en crantant pour bien épouser la forme arrondie (voir conseils techniques). Au dos de cette cartonnette et aux 2 pointes du cœur, fixez les 2 aimants, consolidez au kraft. Collez maintenant sur le dos cette cartonnette ainsi préparée.

10 Découpez en carton un cœur légèrement plus grand que la découpe du centre, recouvrez-le de Skivertex®, fixez en regard les aimants de façon à assurer la fermeture du dos et fixez enfin la guirlande lumineuse.

11 Après avoir brodé le devant formé des 2 parties en feutrine cousues ensemble, procédez à l'habillage du devant.

12 Découpez dans la mousse la forme de la tête de lit et fixez ensemble cartonnette, mousse et feutrine brodée. Rembordez tout autour sauf en bas. Collez le tout sur le devant et rembordez le bas à l'intérieur. Faites sécher sous presse (voir conseils techniques).

fournitures de base

1 feuille de carton gris de 3 mm

1 feuille de cartonnette

Habillage

1 feuille de Skivertex® rose

1 feuille de Skivertex® vert

40 cm de Polyphane adhésif

1 feuille de papier japonais

1 m de feutrine rose

1 m de feutrine verte

2 aimants

1 guirlande lumineuse

Coton à broder rose et vert

1 m de mousse synthétique

matériel

Matériel de base

fournitures de base

2 feuilles de carton gris de 3 mm

1 feuille de cartonnette

5 feuilles de carte bulle de 250 g

Habillage

60 cm de toile de Jouy

60 cm de tissu rayé

Tissu de coton fin de 60 cm x 20 cm

1,50 m de tresse de passementerie

1 m de toile « relon » turquoise

1 feuille de Skivertex® chocolat

matériel

Matériel de base

Malle… à bar !

Un concept très déco pour ce coffre à apéritifs qui renfermera bouteilles, verres et réserve de petits gâteaux tout en décorant votre coin salon d'une note tendance et chaleureuse !

1 Découpez dans le carton gris (corps de la malle) :
- 1 base de 60 cm x 40 cm ;
- 2 grand côtés (devant et dos) de 60 cm x 32 cm ;
- 2 petits côtés de 40,6 cm x 32 cm (voir croquis) ;
- 2 séparations intérieures de 25 cm x 40 cm (bas) et 32 cm (haut).

2 Découpez dans le carton gris (couvercle) 2 côtés arrondis de 16 cm x 32 cm (voir croquis).

3 Découpez dans la cartonnette (galbe du couvercle) 1 rectangle de 51 cm x 60,6 cm (attention à bien vérifier le sens qui roule !).

4 Découpez dans le carton gris (plateau) :
- 1 base de 29,5 cm x 34 cm ;
- 2 côtés de 34 cm x 5 cm ;
- 2 côtés de 30 cm x 5 cm.

5 Procédez maintenant au montage de la base (voir conseils techniques).

6 Habillez ensuite le devant de toile de Jouy puis les 2 côtés en tissu rayé monté sur carte bulle, laissez pour le moment le dos libre pour l'étape de la charnière.

7 Procédez ensuite au montage du couvercle en fixant à l'aide de la colle Néoprène le morceau de cartonnette destiné à former le galbe de la malle sur les 2 côtés arrondis.

8 À l'intérieur et sur toute la longueur, consolidez la base du galbe (dos et devant) à l'aide d'une bande de carton gris de 3 cm de large.

9 Habillez les 2 côtés arrondis en toile de Jouy en rembordant tout autour.

10 Procédez maintenant à la réalisation de la charnière. Elle se réalise en tissu de coton fin et en deux temps (charnière extérieure puis intérieure).
Commencez par l'intérieur en collant votre tissu (1 bande de tissu de 10 cm x 30 cm largement encollée) sur le dos puis sur la tranche en insistant bien sur cette partie, puis rabattez le tissu vers l'intérieur et

SEXY

Malle... à bar ! [suite]

posez le couvercle en carton à l'aplomb de la base. Procédez maintenant à la pose de la charnière extérieure (10 cm x 60 cm), ouvrez enfin délicatement le couvercle et rabattez sur le dos du couvercle le reste de la charnière intérieure. Laissez sécher pendant 2 h au moins avant de continuer votre travail.

11 Recouvrez maintenant le dessus du galbe de tissu rayé monté sur cartonnette et finissez l'habillage de l'extérieur par l'habillage du dos puis du dessous.

12 Fixez enfin les 2 poignées réalisées à l'aide de la tresse de passementerie.

13 Doublez de toile de Jouy au niveau de la charnière puis terminer l'habillage de l'intérieur du couvercle.

14 Habillez l'intérieur de la base à l'aide de hausses en carton dont le haut sera habillé de toile turquoise.

15 Fixez maintenant les séparations et terminez l'habillage de l'intérieur comme pour celui d'une boîte (voir conseils techniques).

16 Procédez enfin au montage et à l'habillage du plateau à l'aide du Skivertex® chocolat et de la toile, en ayant soin de fixer les poignées avant l'habillage de l'intérieur.

fournitures de base

1 feuille de carton gris de 3 mm

2 feuilles de carte bulle de 250 g

Habillage

4 roulettes

1 feuille de Skivertex® « Sanigal » écru

matériel

Matériel de base

Alvéolée !

Cette table de nuit à roulettes amusera petits et grands et pourra au gré de votre fantaisie et de vos besoins « voyager » de pièce en pièce !

1 Découpez dans le carton gris :
- 1 hexagone à partir d'un cercle de 25 cm de rayon (dos) ;
- 1 autre hexagone de même taille que vous éviderez à 3 cm du bord (devant), voir croquis ;
- la bande du tour de 30 cm x 150 cm (cette bande sera en 2 parties) ;
- 1 étagère en carton gris de 49 cm x 30 cm.

2 Incisez au cutter la bande du tour tous les 25 cm et pliez de façon à obtenir votre volume.

3 À l'aide de la colle Néoprène, montez la bande du tour à l'extérieur de l'hexagone du dos, fixez ensuite l'étagère et enfin le devant.

4 Consolidez votre volume à l'aide de bandes de kraft sur toutes les arêtes et habillez ensuite ce même volume à l'extérieur de papier kraft (voir conseils techniques).

5 À l'aide d'une bande de paille japonaise de 32 cm x 156 cm, habillez votre volume d'une seule pièce, rembordez au dos et assurez la finition par une carte bulle hexagonale habillée de paille japonaise.

6 Pour le devant, le retour se fait jusqu'à l'intérieur en fendant le papier au niveau des arêtes et en retournant à l'intérieur.

7 Habillez la tranche de l'étagère à l'aide d'une bande de paille japonaise de 3 cm de large.

8 Fixez les 4 roulettes à la base.

9 Procédez enfin à l'habillage intérieur en Skivertex® écru monté sur carte bulle, terminez par la base à l'aide d'un carton habillé de Skivertex® de façon à cacher les vis des roulettes.

10 Faites sécher en charge (voir conseils techniques).

BOM
BAY
L'ALBUM
MAXIMUM CITY
Record
Covers
Michael Ochs
TASCHEN
TASCHEN

fournitures de base

3 feuilles de carton gris de 3 mm

6 feuilles de carte bulle de 250 g

1 feuille de cartonnette

Habillage

1 m de tissu « toile de tente »

2 feuilles de Skivertex® « nitrolin » bleu lavande

1 m de tissu uni bleu

Papier peint blanc

Papier nymphéa bleu

4 poignées boules en bois

1 bombe de peinture blanche

Pochoirs « transat tente et phare »

matériel

Matériel de base

Week-end à Saint-Cast !

Utilitaire autant que décoratif, cet élément de rangement trouvera sa place dans une chambre d'enfant mais aussi bien entendu dans une maison de vacances à Saint-Cast ou... ailleurs, l'essentiel n'est-il pas dans le... cœur !

1 Découpez dans le carton gris :
- 1 base de 40 cm x 49,4 cm ;
- 2 côtés de 40 cm x 90 cm (mêmes repères que sur le dos) ;
- 1 dos de 50 cm x 90 cm (voir repères des tiroirs sur croquis) ;
- 2 frontons de 30 cm x 13,5 cm (voir croquis) ;
- 2 pentes du fronton de 40 cm x 22 cm ;
- la base du casier de 30 cm x 40 cm ;
- la façade du casier de 33 cm x 15,5 cm (voir croquis) ;
- 24 cales pour les glissières des tiroirs de 38 cm x 1,5 cm.

2 Procédez au montage en fixant les côtés à la base puis le dos, la base du casier puis la façade du casier.

3 Procédez ensuite au montage du couvercle du fronton : sur les 2 pentes, incisez sur toute la longueur à 2 cm du bord pour obtenir par pliage le rebord de 2 cm qui viendra coïncider avec le rebord du fronton, assemblez maintenant les 2 pentes aux 2 frontons.

4 Commencez l'habillage des côtés en tissu rayé, rembordé tout autour, puis celui de la façade du casier en tissu rayé monté sur carte bulle.

5 Habillez ensuite d'un seul morceau les 2 pentes et le retour du couvercle puis réalisez la charnière entre le fronton et le corps de la tente (voir conseils techniques).

6 Terminez l'habillage extérieur et intérieur du fronton et de son casier en alternant papier tissu et Skivertex®.

7 Collez les cales deux à deux et fixez-les sur les côtés intérieurs au niveau des repères (voir croquis), espacées de 6 mm, pour servir de glissières à la base des tiroirs.

8 Procédez maintenant au montage et à l'habillage des tiroirs en utilisant le tissu uni bleu, le papier peint blanc et le papier nymphéa bleu. Les côtés des 3 premiers tiroirs sont montés en retrait de façon à laisser un rebord (2 cm) (voir photo) sur les côtés qui viendra se glisser dans les « glissières » prévues à cet effet. Le tiroir du bas, lui, est monté comme expliqué dans les conseils techniques.

Week-end à Saint-Cast ! (suite)

9
- Tiroir n° 1 : base de 40 cm x 35 cm, façade de 37 cm x 16 cm (voir croquis), 2 côtés de 40 cm x 14 cm, dos de 30,5 cm x 14 cm.
- Tiroir n° 2 : base de 40 cm x 39 cm, façade de 41 cm x 16,5 cm (voir croquis), 2 côtés de 40 cm x 13 cm, dos de 32,5 cm x 13 cm.
- Tiroir n° 3 : base de 40 cm x 41,5 cm, façade de 44 cm x 15 cm (voir croquis), 2 côtés de 40 cm x 13 cm, dos de 37,5 cm x 13 cm.
- Tiroir n° 4 : base de 40 cm x 38 cm, façade de 50 cm x 27 cm (voir croquis), 2 côtés de 40 cm x 25,5 cm, dos de 47,3 cm x 26 cm (voir croquis).

10 Une fois les tiroirs montés, doublez la façade à l'aide de cartonnette. Procédez à l'habillage et à la personnalisation, à l'aide des pochoirs, des devants (pensez à fixer les boutons en bois avant l'habillage intérieur de la façade qu'il est préférable de doubler avec un carton habillé de Skivertex® pour plus de solidité).

Porte-revues

Inattendu autant qu'original, ce porte-revues sera à la fois pratique et décoratif !

fournitures de base

1 feuille de carton gris de 3 mm

1 feuille de cartonnette

Habillage

1 peau de couleur orange

2 sets de table en bambou orange et écru

1,20 m de tissu de coton écru

1 m de tresse de passementerie ivoire

4 boutons style « kabic » en bois naturel

matériel

Matériel de base

1 Découpez dans le carton gris les 2 pièces de base de 50 cm x 66 cm, procédez aux différentes découpes (voir croquis).

2 Habillez ces 2 pièces de kraft en feuille pour assurer une plus grande solidité de votre matériau.

3 Découpez dans la cartonnette les 2 pièces de 50 cm x 66 cm pour doubler les dos.

4 Découpez dans la cartonnette ces mêmes pièces avec 2 cm en moins tout autour de façon à laisser voir le bord en cuir.

5 Découpez dans la peau des bandes de 6 cm de large pour « border » tout le périmètre des 2 faces en carton gris, insistez bien au plioir au niveau de la tranche et finissez les angles en onglet.

6 Collez à l'emplacement prévu les 2 sets de table en ayant soin de les doubler préalablement de kraft pour assurer une parfaite adhérence.

7 Préparez les cartonnettes (voir mesures sur croquis) recouvertes de toile écru évidées au niveau de la fenêtre centrale et « fermées » tout autour ; collez-les maintenant sur les faces où vous avez préalablement collé les sets.

8 Préparez les 2 autres cartonnettes « fermées » tout autour et collez-les au dos. (3 mm en moins que les deux cartons de base)

9 Laissez sécher sous presse pendant 48 h au moins.

10 À l'aide de la tresse et des boutons, réalisez le frein aux emplacements indiqués sur le croquis.

Tabouret royal !

Tout de soie paré, ce tabouret d'appoint rendra bien des services au salon, dans une chambre ou devant le piano.

1 Découpez dans le carton gris :
- la base de 35 cm x 35 cm ;
- les 2 faces de 35 cm x 45 cm (voir croquis) ;
- les 2 faces de 35,6 cm x 45 cm ;
- la base intermédiaire de 30 cm x 30 cm ;
- le dessus de 35,6 cm x 35,6 cm.

2 Découper dans la cartonnette :
- 4 cartonnettes aux mêmes mesures que les faces de carton gris et évidées de 2 fenêtres comme montré sur le croquis ;
- le dessous de 35,6 cm x 35,6 cm.

3 Incisez les 4 faces en carton gris au niveau de la ligne médiane et procédez au montage du volume en les fixant à la base (voir conseils techniques pour le montage des volumes). Fixez maintenant la base intermédiaire au niveau de la moitié du tabouret et fermez le tout par la base supérieure prévue à cet effet.

4 Consolidez votre volume ainsi obtenu au kraft gommé et recouvrez le tout de kraft en feuille.

5 Procédez maintenant à l'habillage. Commencez par le dessus : préparez un morceau de mousse de 35 cm x 35 cm et un morceau de soie damassée de 40 cm x 40 cm, posez sur le sol et dans cet ordre tissu, mousse et tabouret ; enduisez de colle les retours du tabouret sur une hauteur de 5 cm, asseyez-vous dessus pour comprimer la mousse et rabattez les 4 côtés du tissu de soie afin d'obtenir ainsi une bonne tension de la soie.

6 Habillez les 4 faces en cartonnette (2 vertes et 2 violettes). Évidez au niveau des fenêtres et « remplissez » ces fenêtres par le tissu de la couleur opposé préalablement décoré de 3 boutons comme présenté sur le croquis. Une fois ces faces préparées, fixez au dos de chaque fenêtre un morceau de mousse de même taille pour assurer un joli relief. Consolidez l'assemblage de ces 2 parties à l'aide du kraft gommé.

7 Confectionnez le pass-poil violet et fixez-le à la base de l'assise. Consolidez sa fixation à l'aide d'une bande de kraft.

fournitures de base

1 feuille de carton gris de 3 mm

1 feuille de cartonnette

1 feuille de carte bulle

Habillage

Mousse synthétique de 1 cm d'épaisseur

1 m de soie damassée verte

1 m de soie sauvage violette

24 boutons à recouvrir de 16 mm

1,50 cm de passepoil à recouvrir

40 cm x 40 cm de Skivertex® violet

matériel

Matériel de base

Tabouret royal ! (suite)

8 Procédez maintenant à la pose des 4 faces en cartonnette, les 2 violettes en vis-à-vis (fermées en haut et ouvertes sur les côtés et en bas) puis les 2 autres (fermées en haut et sur les côtés et ouvertes seulement sur le bas). Insistez bien au plioir au niveau de la pliure médiane.

9 Terminez par une carte bulle de 35,5 cm x 35,5 cm recouverte de Skivertex® pour la finition du dessous.

10 Laissez sécher sous presse pendant 2 jours.

fournitures de base

1/4 de feuille de carton gris de 3 mm

1/4 de feuille de cartonnette de 0,7 mm

Habillage

2 feuilles de papier bois

Polyphane adhésif

1 feuille de papier japonais ivoire

1 kit électrique (fil + interrupteur et prise, vis terminus, rondelle, douille)

matériel

Matériel de base + 1 tournevis

Comme un poisson dans l'eau !

En applique murale ou posé sur une commode, ce poisson lumineux et très « high-tech » séduira par la pureté de sa ligne.

1 Découpez dans le carton gris la forme du poisson (voir croquis) et évidez au centre un carré de 12 cm x 12 cm qui servira au passage du montage électrique ; cette partie sera le dos de votre applique.

2 Découpez à nouveau cette forme dans le carton gris que vous éviderez à 3 cm du bord (devant).

3 Découpez dans la cartonnette une bande de 12 cm x 150 cm qui sera la tranche de votre applique.

4 Fixez ces différentes parties entre elles en vous aidant de la colle Néoprène et consolidez ensuite au kraft.

5 Découpez dans le papier bois des petites bandes de 3 cm x 6 cm qui vont vous servir à décorer le devant de la forme en rembordant à l'intérieur et sur la tranche de l'applique. Pour mieux travailler le papier bois, vous pouvez l'humidifier. Il sera alors plus souple et plus malléable.

6 Préparez maintenant une bande de papier bois de 15 cm x 150 cm (il faudra faire un raccord) pour habiller la tranche. Cette bande est posée « à vif » sur le devant et rembordée au dos.

7 Découpez dans le Polyphane la forme du poisson et recouvrez-la de papier japonais « à vif ». À l'aide de la colle Néoprène, fixez celle-ci à l'intérieur du poisson.

8 Sur le carré de 12 cm x 12 cm, fixez le montage électrique et rajoutez au dos 2 bandes de carton gris de 3 cm x 15 cm pour assurer la fermeture. Enfoncez cette partie au dos de votre applique et... que la lumière soit !

I ♥ NY

Demi-lune… ethnique !

Une note africaine et un mélange de matériaux inédits pour cette console demi-lune pratique et… ethnique !

1 Découpez dans le carton gris pour le corps de l'objet :
- 2 demi-cercles de 30 cm de rayon (dessus et dessous, voir croquis) ;
- 1 séparation centrale de 30 cm x 8 cm ;
- 1 dos de 60 cm x 8 cm.

2 Découpez dans le carton gris pour les 2 tiroirs :
- 2 quarts de cercle de 29 cm de rayon (voir croquis) ;
- pour les côtés, 4 bandes de 7 cm x 29 cm ;
- pour les séparations intérieures, 2 bandes de 7 cm x 28 cm ;
- pour les façades des tiroirs en cartonnette, 2 bandes de 8,6 cm x 47,1 cm (dans le sens qui roule !).

3 Découpez dans la cartonnette 2 bandes de 47,1 cm x 8,6 cm pour les façades des tiroirs (voir croquis).

4 Procédez au montage du corps : dessus et dessous à l'extérieur du dos puis séparation médiane.

5 Procédez ensuite au montage des tiroirs : les côtés sont montés sur le fond puis la séparation médiane et enfin les façades (voir conseils).

6 Habillez en Skivertex® doré l'extérieur du corps de la console d'un seul morceau ; le dessus est agrémenté d'une fenêtre à 3 cm du bord (voir croquis), le fond étant en fausse fourrure avec un filet doré autour de la fenêtre.

7 Posez les 2 équerres à l'aide de clous à 2 tiges. Habillez ensuite l'intérieur à l'aide de carte bulle.

8 Procédez maintenant à l'habillage des tiroirs. Commencez par les façades qui sont en cartonnette évidée d'une fenêtre à 1,5 cm du bord (voir croquis). Cette cartonnette est habillée en papier liège, les fonds des fenêtres sont en fausse fourrure et agrémentés d'un filet doré tout autour des fenêtres pour reprendre le même esprit que le dessus. Les tiroirs sont fixés au corps de la console par une charnière souple, prolongement de l'habillage de la façade, au niveau du dos et à l'aide du prolongement de l'habillage des façades en cartonnette.

9 Afin d'assurer une bonne fermeture des tiroirs, fixez des aimants entre la séparation médiane et le côté du tiroir.

10 Procédez au montage des poignées à l'aide de clous à 2 tiges que vous fixerez au dos à l'aide d'un kraft. Terminez par l'habillage intérieur des tiroirs en jouant sur les différents matériaux à votre disposition.

fournitures de base

1 feuille de carton gris

1/2 feuille de cartonnette

2 feuilles de carte bulle

habillage

1 feuille de Skivertex® doré

1 m de fausse fourrure panthère

2 équerres en bois blanc

1 rouleau de papier peint liège

2 aimants plats

2 poignées en laiton doré et clous à 2 tiges pour leur fixation

matériel

Matériel de base

fournitures de base

1 feuille de carton gris de 3 mm

1 feuille de cartonnette

3 feuilles de carte bulle

Habillage

2 sets de table tressés, 1 vert, 1 aubergine

1 feuille de Skivertex® lézard aubergine

1 feuille de Skivertex® lézard vert sapin

1 feuille de Skivertex® nid-d'abeilles mauve

1 feuille de Skivertex® nid-d'abeilles vert

1 planche de bois de 30 cm x 60 cm (découpée à la forme du meuble)

4 tasseaux de bois de 35 cm de haut

matériel

Matériel de base

Tapis vert !

Astucieuse autant que décorative, cette table de jeu trouvera toute sa place et son utilité dans une maison de vacances comme dans un salon citadin... une invitation à retrouver des plaisirs simples.

1 Découpez dans le carton gris :
- 1 base oblongue (voir croquis) ;
- 2 fois 30 cm x 8 cm pour le dos des casiers latéraux ;
- pour chaque tiroir : 1 base de 30 cm x 14 cm ; 2 grands côtés de 30 cm x 4,5 cm ; 1 dos de 13,4 cm x 4,5 cm ; 1 façade de 6,5 cm x 15 cm ; 1 base centrale intermédiaire de 30 cm x 30 cm ; 4 côtés qui servent de glissière entre les 2 plateaux (2 de 30 cm x 1 cm et 2 de 29,4 cm x 1 cm) ;
- 1 plat pour le damier de 29,8 cm x 29,8 cm ;
- 1 disque de 30 cm de diamètre à couper en deux pour les 2 couvercles latéraux.

2 Découpez dans la cartonnette 2 bandes de 62,1 cm x 7 cm (cette bande ferme l'arrondi du casier + le fond du tiroir du côté où il ne s'ouvre pas).

3 Procédez à l'assemblage en formant sur la base les casiers latéraux puis la base intermédiaire (à 6 cm de haut) à laquelle vous aurez fixé les 4 côtés de 1 cm de haut de façon à former le plateau de 421.

4 Travaillez ensuite à la construction du damier central en désolidarisant les bandes vertes et aubergine de vos sets et en reformant un damier de 8 cases x 8 cases. Gardez le reste intact pour le décor du dessus des couvercles latéraux. Montez le tout sur une feuille de kraft et réalisez le damier sur le plat de 29,8 cm x 29,8 cm (inspirez vous de la photo). Doublez d'une carte bulle recouverte de Skivertex® et laissez sécher sous presse pendant 24 h.

5 Montez les tiroirs (voir conseils techniques) et habillez-les en utilisant les différents Skivertex®. Utilisez une bande d'un set en guise de poignée.

6 Fixez l'ensemble de votre volume sur la base en bois sur laquelle vous aurez fixé les 4 pieds et procédez à l'habillage général qui solidarise ces 2 parties ensemble. Laissez s'exprimer votre imagination pour décorer et jonglez avec vos différents matériaux que vous pouvez découper à l'aide des ciseaux cranteurs.

7 Procédez maintenant au montage des couvercles des casiers et à l'habillage intérieur (voir conseils techniques).

8 Terminez l'habillage par les pieds recouverts de Skivertex®.

7 FAMILLES

JE DÉVORE
LES
LIVRES

Lampadaire à tablette

Récup' et matériaux insolites pour ce lampadaire à tablette qui vous permettra d'avoir sous la main ouvrage et tisane le soir à la veillée !

1 Découpez dans le carton gris 3 hexagones de 14 cm de diamètre (voir croquis). Deux d'entre eux seront percés de 1 cercle de 11 cm de diamètre, collés ensemble et habillés de paille tressée. Le troisième sera habillé seul et fermé tout autour ; collées ensemble, ces 2 parties formeront le pied.

2 Découpez dans le carton gris 2 hexagones de 21 cm de diamètre (voir croquis) évidés en leur centre d'un cercle de 11 cm de diamètre, habillez-les séparément en paille tressée et collez-les l'un sur l'autre ; cette partie formera la tablette du lampadaire

3 Découpez enfin dans le carton gris 2 hexagones de 9 cm de diamètre (voir croquis) habillés séparément et collés ensemble et qui formeront le dessus du lampadaire sur lequel viendra se fixer le kit électrique. Percez en son centre un trou de 1 cm de diamètre.

4 Découpez 1 disque de carton de 11 cm de diamètre qui vous servira à fermer un des 2 bouts du tube à l'aide de kraft gommé.

5 Découper dans le tatami 2 morceaux de 80 cm x 33,5 cm, doublez-les d'une feuille de papier kraft et coller le premier à vif sur le tube.

6 Au dos, au niveau de la jonction du bambou, faites un trou à l'aide du poinçon pour le passage du fil électrique.

7 Préparez un sac de sable de 1 kg environ, bien fermé et préalablement séché au four pour éviter toute humidité. Glissez-le à l'intérieur.

8 Fixez le pied préparé en enduisant les 2 parties de colle Néoprène gel et en pressant fortement après quelques instants de pause.

9 Enduisez de colle Néoprène sur 1 cm environ et sur le tube au-dessus de la hauteur du tatami, glissez la tablette dont vous aurez préalablement enduit la tranche intérieure de cette même colle.

10 Collez maintenant sur le tube la deuxième partie de bambou.

11 Faites sortir le fil électrique à l'extrémité supérieure du tube, fermez grâce à un disque de carton de 9 cm de diamètre et procédez au montage électrique en collant le tout à la colle Néoprène gel.

12 Pour assurer une belle finition au niveau de la jonction entre le pied et les différentes tablettes, fixez à l'aide de la colle Néoprène la ficelle de sisal.

fournitures de base

1/2 feuille de carton gris de 3 mm

Habillage

60 cm² de paille de papier tressée

1 kit électrique

1 tube de 160 cm x 11 cm de diamètre récupéré chez un revendeur de moquettes

1 tatami de bambou

Sable

Ficelle de sisal pour les finitions

matériel

Matériel de base

MILK
BATH
green apple

Miroir de salle de bains

Noir, blanc et argent, ce miroir de salle de bains, pratique autant que sympathique, vous permet d'avoir tout sous la main dans une harmonie très design.

1 Découpez dans le carton gris 2 fonds de 80 cm (largeur) x 90 cm (hauteur). Dans un de ces 2 fonds, découpez le gabarit du miroir qui viendra s'enchâsser dans cet emplacement (voir croquis).

2 Découpez dans le carton gris l'emboîtage des tiroirs :
- 3 bandes de 89,4 cm x 10 cm (dessus, dessous et dos) ;
- 2 côtés de 10 cm x 10 cm ;
- 4 séparations intérieures de 10 cm x 9,4 cm (hauteur).

3 Découpez dans le carton gris pour les tiroirs :
- les petits tiroirs : base de 9,5 cm x 14,5 cm, côtés de 9,5 cm x 9 cm, dos de 13,9 cm x 9 cm, façade de 15 cm x 10 cm (voir conseils techniques pour le montage des tiroirs) ;
- le grand tiroir : base de 28,5 cm x 9,5 cm, côtés de 9,5 cm x 9 cm, dos de 27,9 cm x 9 cm, façade de 30 cm x 10 cm.

4 Habillez l'extérieur de l'emboîtage de Skivertex® argent en rembordant autour et habillez également les tranches des 4 séparations verticales.

5 Montez ensuite les tiroirs et habillez-les en jouant sur les différents Skivertex® ; pensez à fixer les cabochons avant d'habiller l'intérieur des façades des tiroirs. Laissez sécher les tiroirs à l'intérieur de l'emboîtage (les mesures sont données à titre indicatif et doivent toujours être vérifiées car les montages peuvent différer). Habillez l'intérieur à l'aide du papier nymphéa gris.

6 Fixez cette partie au fond.

7 Découpez dans la cartonnette les 4 quarts de cercle qui encadreront le miroir de 34 cm x 34 cm et de 58 cm de diamètre de façon à « mordre » sur le miroir qui sera ainsi « enchâssé ».

8 Habillez maintenant l'encadrement du miroir, c'est-à-dire 2 quarts habillés de Skivertex® blanc et les 2 autres de Skivertex® noir.

9 Collez à la Néoprène le miroir à son emplacement et laissez sécher sous presse pendant 24 h puis procédez à l'assemblage de l'encadrement en collant des bandes de Skivertex® argent à l'intersection de chaque quart de cercle.

fournitures de base

2 feuilles de carton gris de 3 mm

3 feuilles de carte bulle

1 feuille de cartonnette

Habillage

1 miroir de 60 cm de diamètre

1 feuille de Skivertex® argent

1 feuille de Skivertex® « croco » blanc

1 feuille de Skivertex® « croco » noir

6 cabochons (2 noirs, 2 blancs, 2 argent)

1 feuille de papier nymphéa gris

2 anneaux d'encadrement

matériel

Matériel de base

Miroir de salle de bains (suite)

10 Sur les côtés du miroir, aménagez à votre guise et selon vos besoins des accessoires tels que distributeurs de mouchoirs, de Coton-Tige, de coton à démaquiller qui seront collés à même les bandes de Skivertex® argent qui encadrent les bandes des côtés.

11 Doublez le dos d'une cartonnette habillée de Skivertex® et munie de 2 anneaux d'encadrement pour la fixation au mur. Il est préférable également de prévoir des petites équerres pour équilibrer le poids et soutenir la base.

MILK
BATH
green apple
e 25gx3

MILK
BATH

Polyèdre photographique

Méli-mélo de photos pour avoir toujours sur son bureau les photos de ses... loupiots !

1 Découpez dans le carton gris :
- 1 bande de 48 cm x 6 cm que vous inciserez tous les 6 cm ;
- 2 carrés de 18 cm x 18 cm partagés en 9 cases de 6 cm x 6 cm et desquels vous ôterez les 4 cases des angles où viendront se loger les 8 triangles (voir croquis).

2 Découpez dans la carte bulle :
- 36 cartes bulle de 6 cm x 6 cm dont 18 que vous éviderez à 1 cm du bord pour la fenêtre.

3 Procédez au montage à la colle Néoprène et consolidez les arêtes au kraft.

4 Préparez toutes vos pièces en carte bulle, les fonds « en plein » habillés de papier uni et les fenêtres habillées de Skivertex® (rembordées sur elles-mêmes au niveau du passage de la photo, fermées sur le fond au niveau des côtés et « libres » sur le quatrième côté pour venir se coller sur le polyèdre).

5 Lorsque toutes vos fenêtres sont prêtes, procédez au montage en harmonisant les couleurs au gré de votre fantaisie.

6 Il ne vous reste plus maintenant qu'à choisir 18 photos !

fournitures de base

1/4 de feuille de carton gris de 2,5 mm (vu la taille de cet objet, cette épaisseur est suffisante)

1 feuille de carte bulle

Habillage

1 feuille de papier uni

Chutes de toutes les couleurs de Skivertex®

matériel

Matériel de base

fournitures de base

1/2 feuille de carton gris de 3 mm

3 feuilles de carte bulle de 250 g

Habillage

1 rouleau de papier peint toile de Jouy

1 rouleau de papier peint uni bleu lavande

2 anneaux d'encadrement

matériel

Matériel de base

Kit toilette !

En rouleau ou en feuilles, pour tous les goûts et consommation familiale !

1 Découpez dans le carton gris :
- 1 base de 40 cm x 8 cm ;
- 1 dos de 40 cm x 42 cm ;
- 1 devant (haut) de 40,5 cm x 12 cm (voir croquis) ;
- 1 devant (bas) de 40 cm x 22 cm (voir croquis) ;
- 2 côtés de 12,7 cm x 42 cm (voir croquis) ;
- 1 base intermédiaire de 12 cm x 40 cm ;
- 1 couvercle supérieur de 40 cm x 12 cm ;
- 1 séparation intérieure de 10 cm x 12 cm.

2 Procédez maintenant au montage : dos et devant à l'extérieur de la base, puis les côtés (un de ces 2 côtés sera retaillé à 41 cm de haut pour permettre le coulissage du couvercle), la base intermédiaire, le haut du devant et enfin la séparation intérieure.

3 Commencez l'habillage par les côtés puis le devant en papier toile de Jouy, habillez ensuite le haut du devant en jouant sur les 2 papiers.

4 Habillez ensuite l'intérieur du casier à journaux.

5 Habillez maintenant l'intérieur du réservoir à papier hygiénique en ménageant sur le haut de ce casier une glissière pour faire coulisser le couvercle (4 bandes de carton gris de 40 cm x 0,5 cm habillées de papier bleu et collées sur le bord supérieur à 0,5 cm d'écart.

6 Terminez cet habillage par la carte bulle du dos sur laquelle vous fixerez les anneaux pour l'accrochage.

7 Habillez enfin le couvercle de papier toile de Jouy et ménagez entre dessus et carte bulle du dessous une petite patte pour permettre de tirer le couvercle, bien faire sécher ce couvercle sous presse avant de mettre en fonction.

Fauteuil à malice et… à coulisse ! (suite)

Naturel, confortable et personnalisé, ce fauteuil malin, deviendra indispensable pour broder, tricoter, lire ou tout simplement vous reposer.

1 Découpez dans le carton gris :
- la base de 40 cm x 38 cm (voir croquis) ;
- le dos de 70 cm x 104 cm (voir croquis) ;
- le devant de 40 cm x 41 cm ;
- les 2 séparations du casier de 38 cm x 39 cm ;
- le fond de l'assise de 40 cm x 14 cm ;
- les 2 parties de l'assise de 40 cm x 14 cm et de 40 cm x 25 cm ;
- 8 cales de 12 cm x 3 cm.

2 Après avoir incisé toutes les verticales mentionnées sur le croquis, modelez le volume de façon à bien lui donner la forme du tour de votre fauteuil et procédez maintenant au montage de l'ensemble à l'aide de la colle Néoprène gel.

3 Fixez ensuite la séparation du casier, le devant et le fond de l'assise (à 40 cm de hauteur), consolidez le tout au kraft et doublez le tout d'une feuille de kraft. Cette préparation du support est ici d'autant plus nécessaire que le poids à supporter sera important, ne négligez donc pas cette étape si vous souhaitez longue vie à votre fauteuil.

4 Habillez maintenant d'un seul morceau de paille tressée l'extérieur du fauteuil en prenant bien soin de lisser au plioir et au chiffon sur toute la surface. Rembordez tout autour et lissez bien les tranches.

5 Fixez maintenant les cales qui seront préalablement collées deux à deux et positionnées à l'aplomb de la séparation, elles serviront à la répartition du poids au niveau de l'assise.

6 À l'aide de cartes bulle recouvertes de toile de lin, recouvrez l'intérieur du haut. Sur les faces 1 et 5, le retour du bas de ces cartes bulle habillera également les 4 cales.

7 Habillez ensuite l'intérieur des casiers en Skivertex® après avoir habillé de lin la tranche de la séparation.

8 Préparez les 2 parties de l'assise qui sont recouvertes de toile de lin molletonnée et reliées entre elles par une charnière souple de 3 mm.

fournitures de base

2 feuilles de carton gris de 3 mm

4 feuilles de carte bulle

Habillage

1 m x 1,50 m de paille de papier tressée

50 cm de toile de lin

1 feuille de Skivertex® chocolat

40 cm x 80 cm de mousse synthétique

Toile de lin brodée à la machine « c'est moi l'artiste ! »

1 pompon de passementerie

matériel

Matériel de base

Fauteuil à malice et… à coulisse ! (suite)

Fermez tout autour. Au dos, doublez la charnière d'une bande de lin et habillez la partie de l'assise de 40 cm x 25 cm d'une cartonnette habillée de paille tressée. Faites sécher sous presse pendant 24 h.

9 Préparez votre panneau brodé et agrémenté du pompon de passementerie. Fini, celui-ci devra mesurer 60 cm x 22 cm. Dans ce panneau, molletonnez la partie intérieure qui sera le dossier et fixez la base au fond de l'assise.

10 Terminez maintenant en collant l'assise proprement dite sur le fond et faites sécher en charge pendant 24 h.

C'est
l'artiste

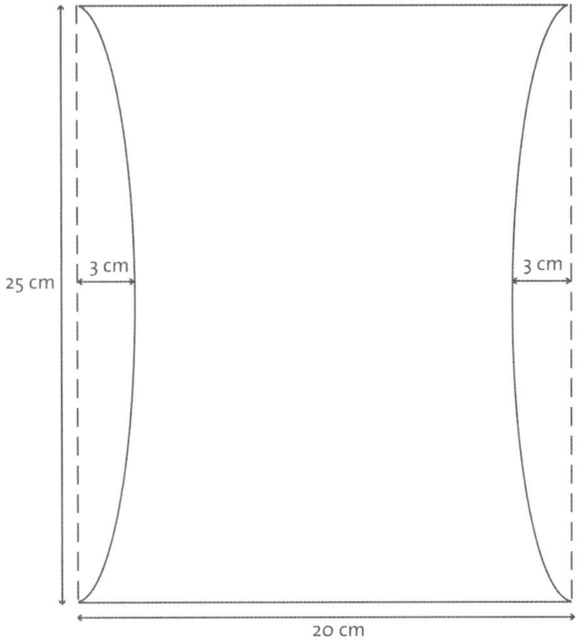

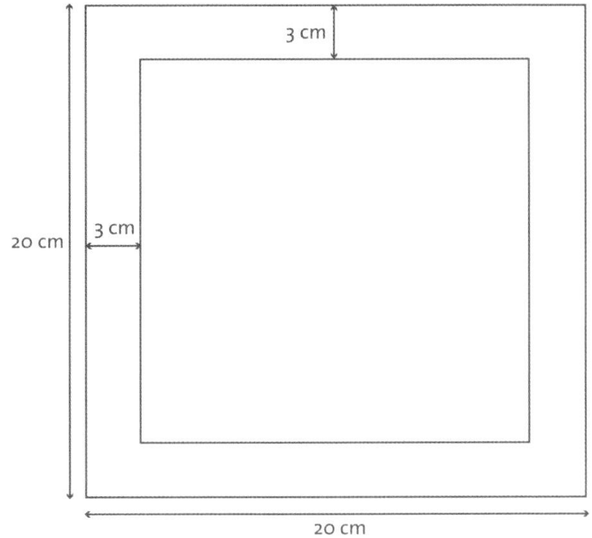

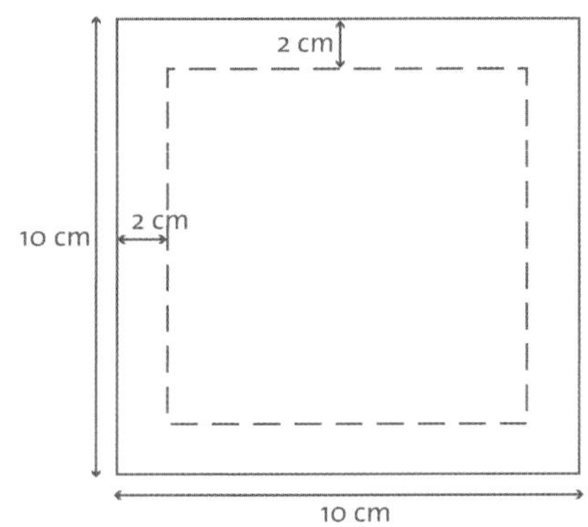

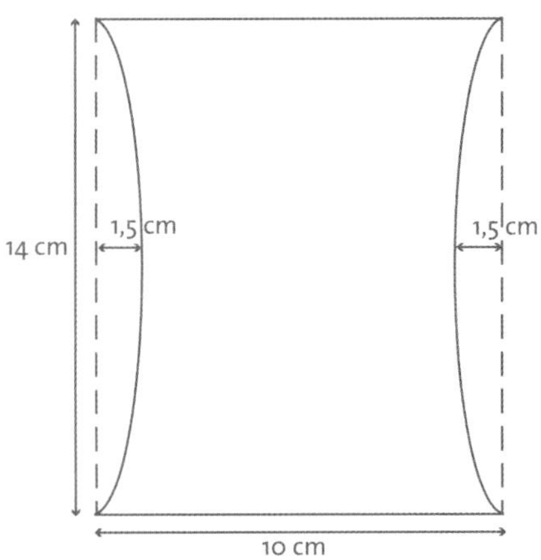

Un volume… trois applications ! (p. 20)

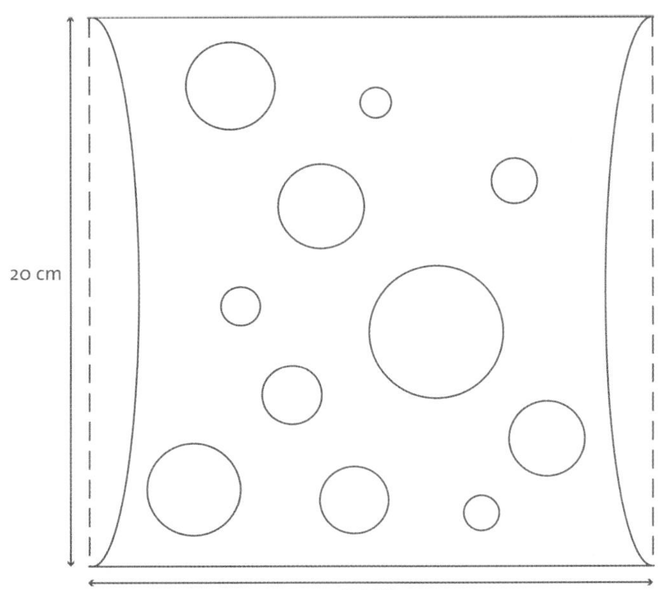

Un volume… trois applications ! (p. 20) - suite

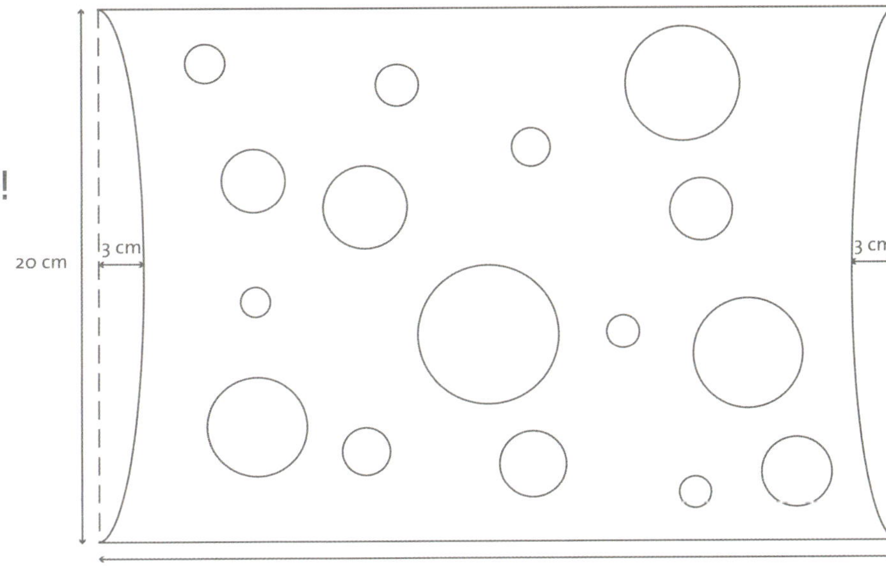

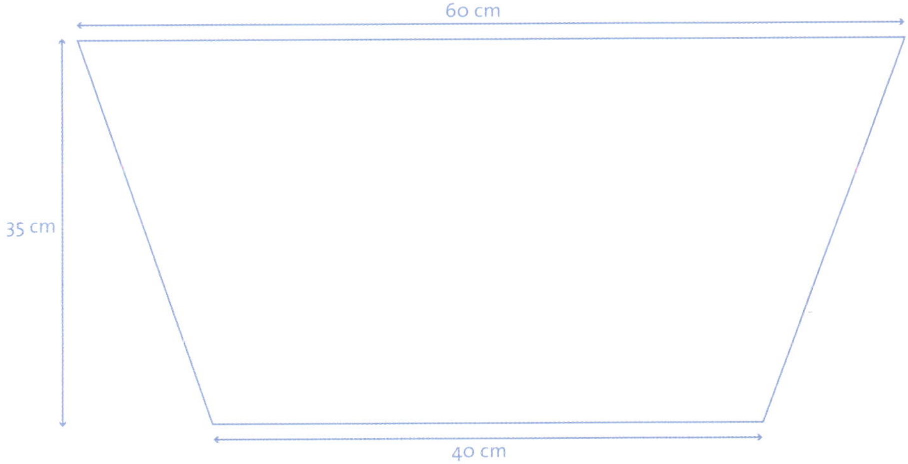

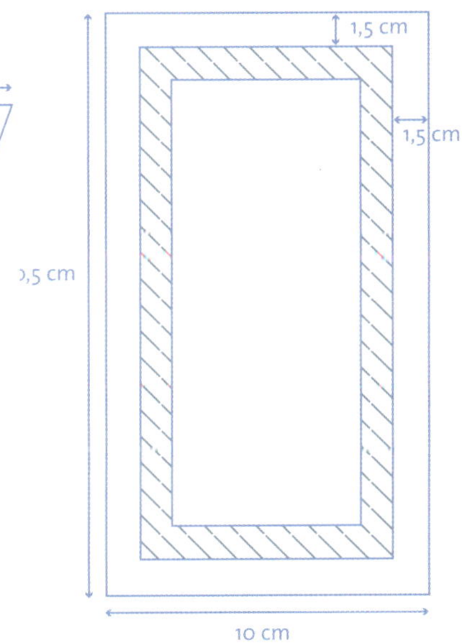

Console azurée ! (p. 32)

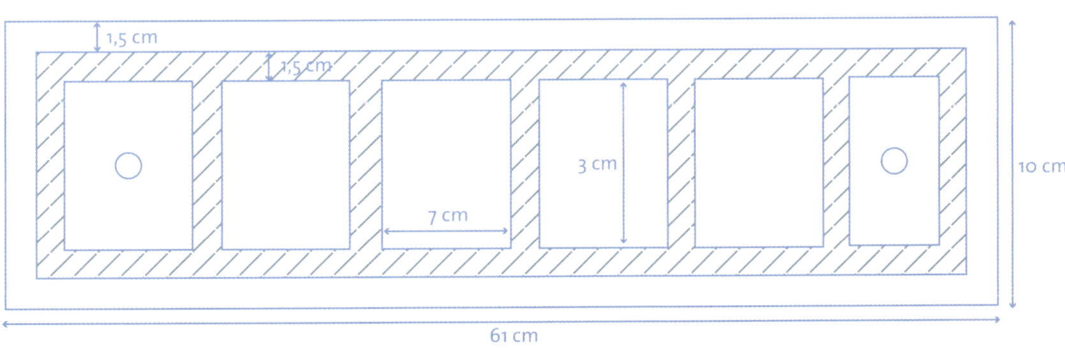

Bonne nuit les petits… cœurs ! (p. 38)

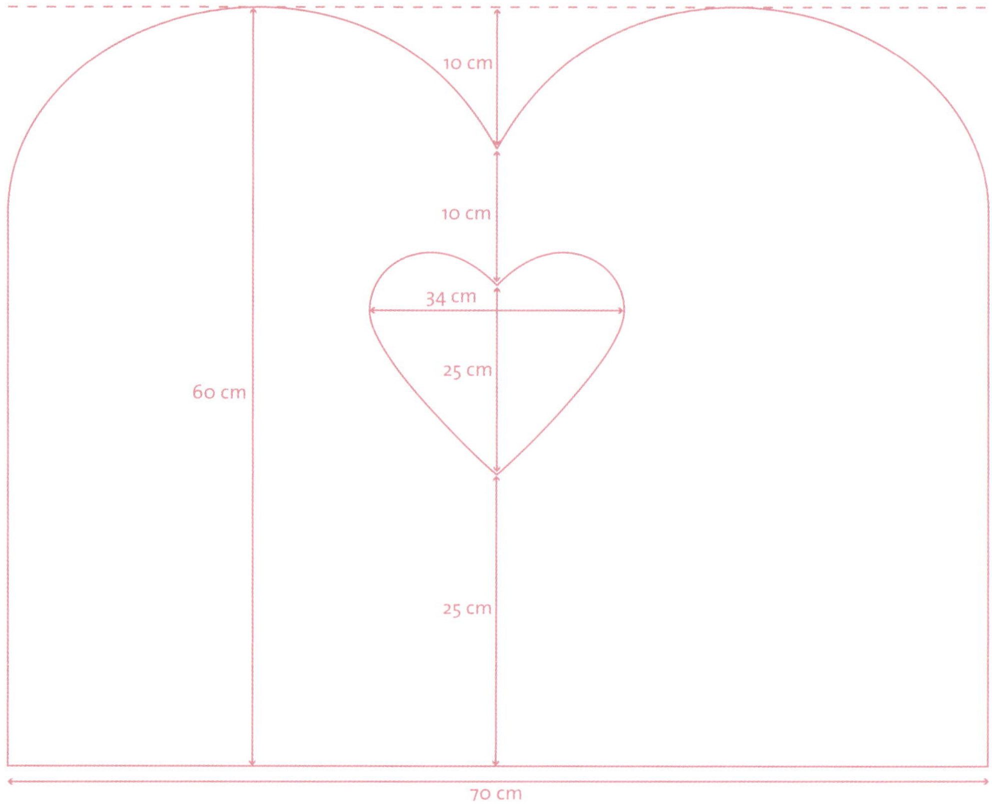

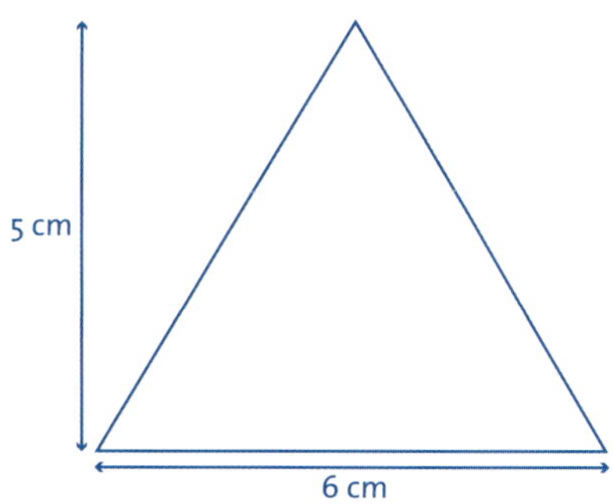

Polyèdre photographique (p. 70)

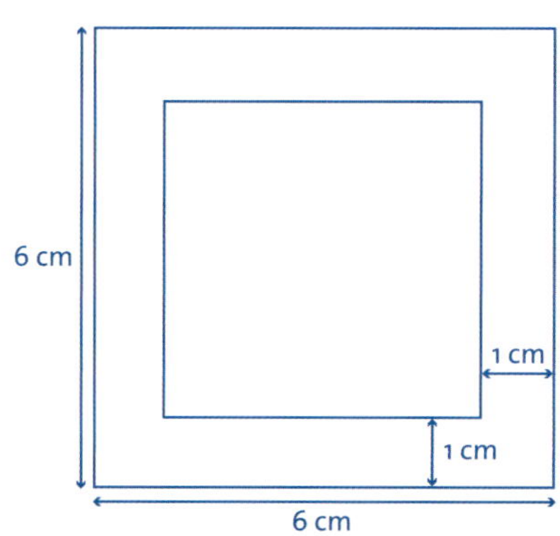

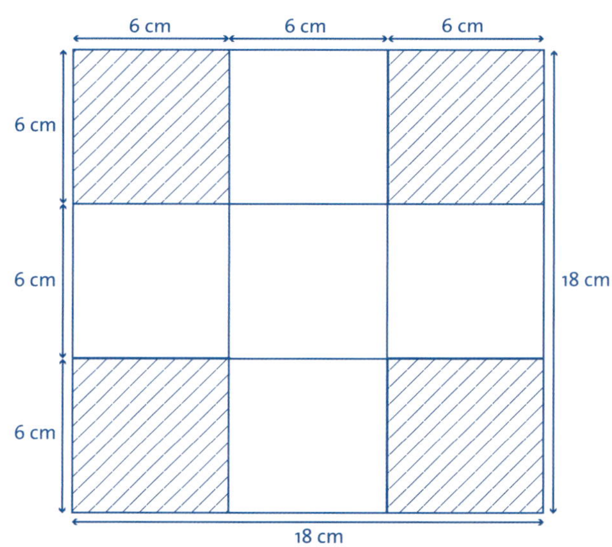

Tout rond
comme un soleil
(p. 26)

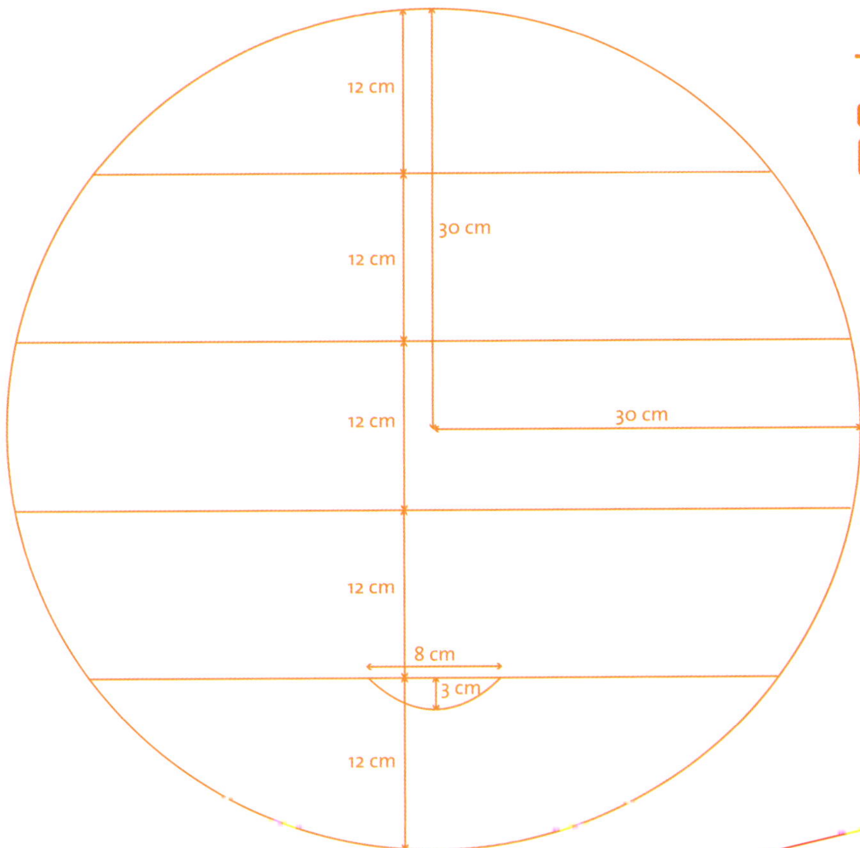

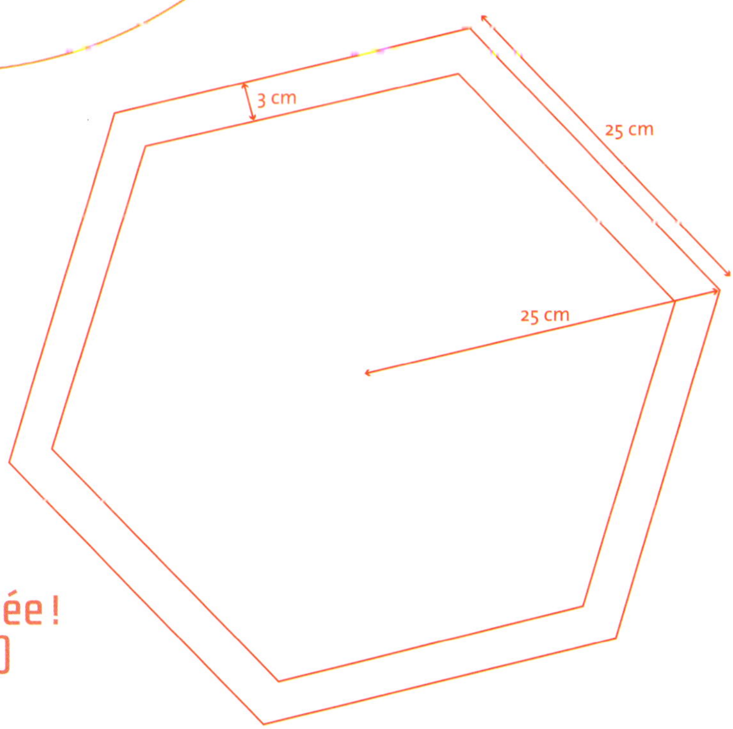

Alvéolée !
(p. 44)

Kit toilettes
(p. 72)

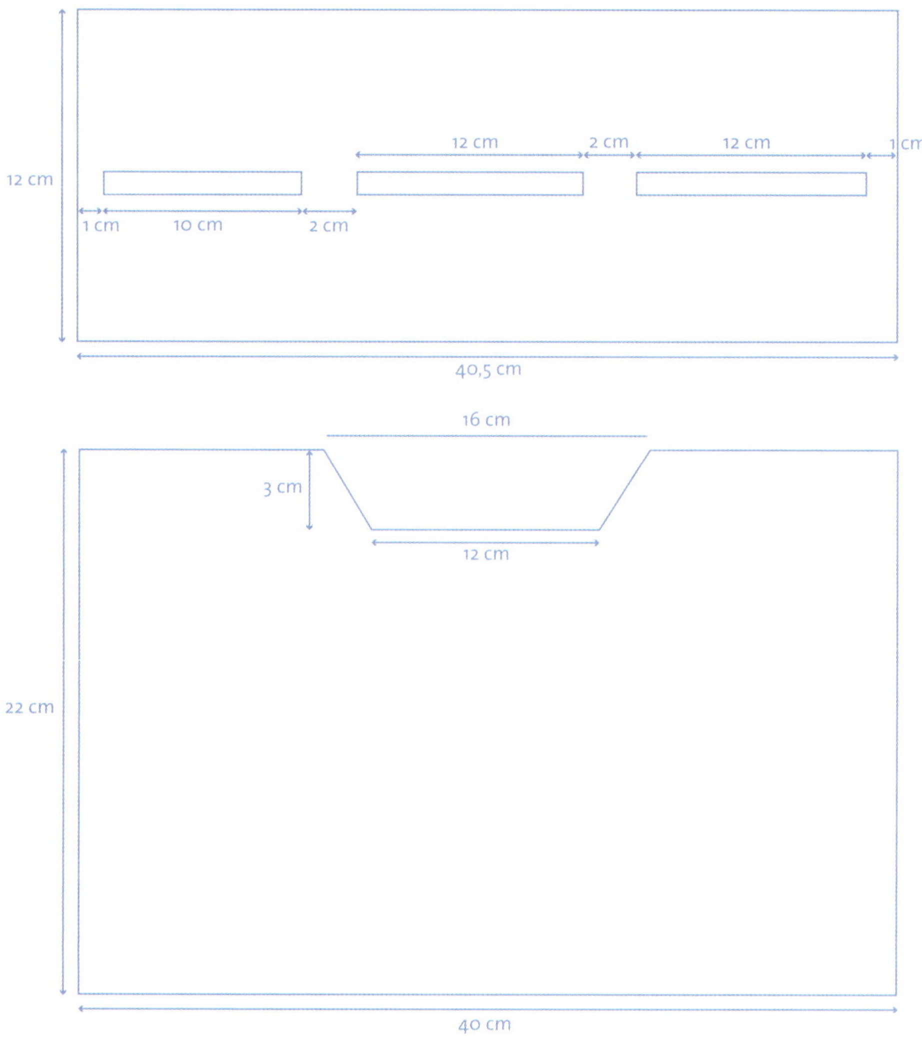

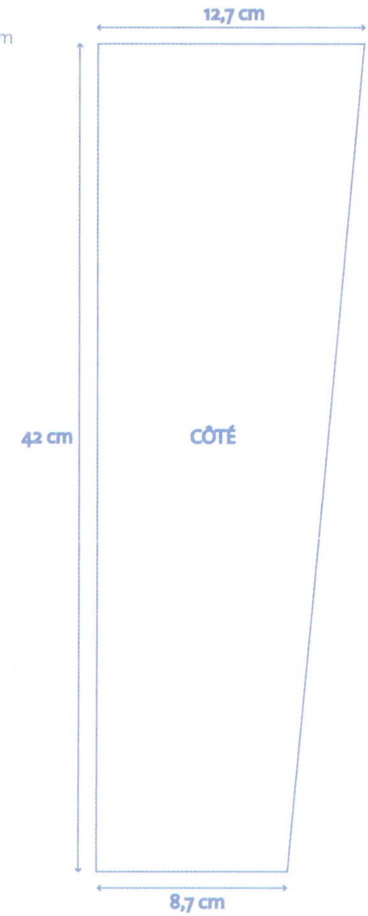

Lampadaire à tablette
(p. 64)

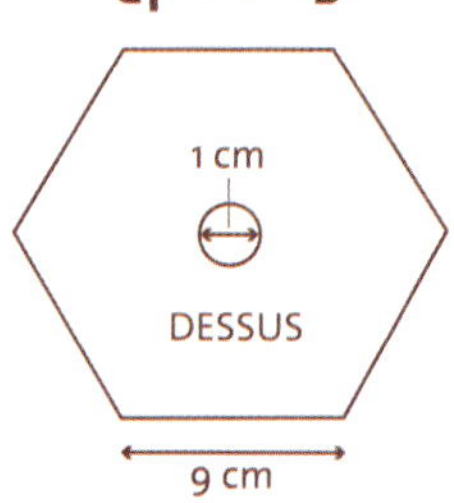

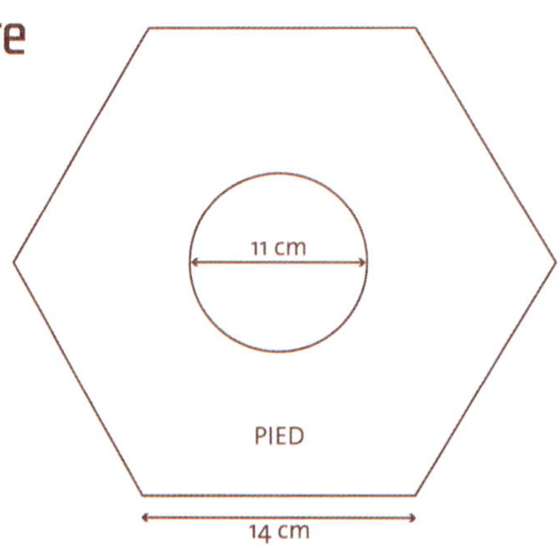

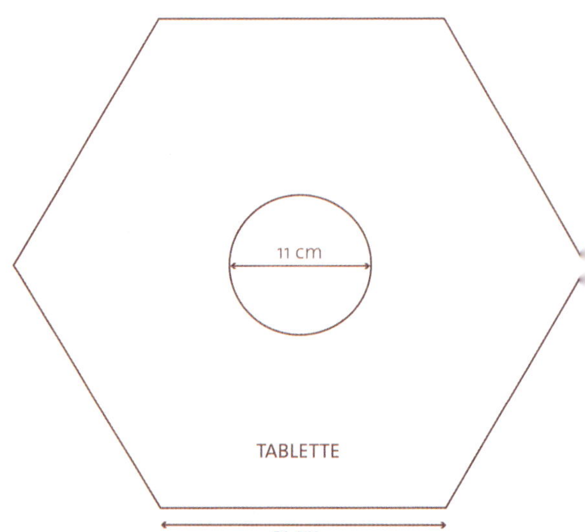

Tabouret royal ! (p. 52)

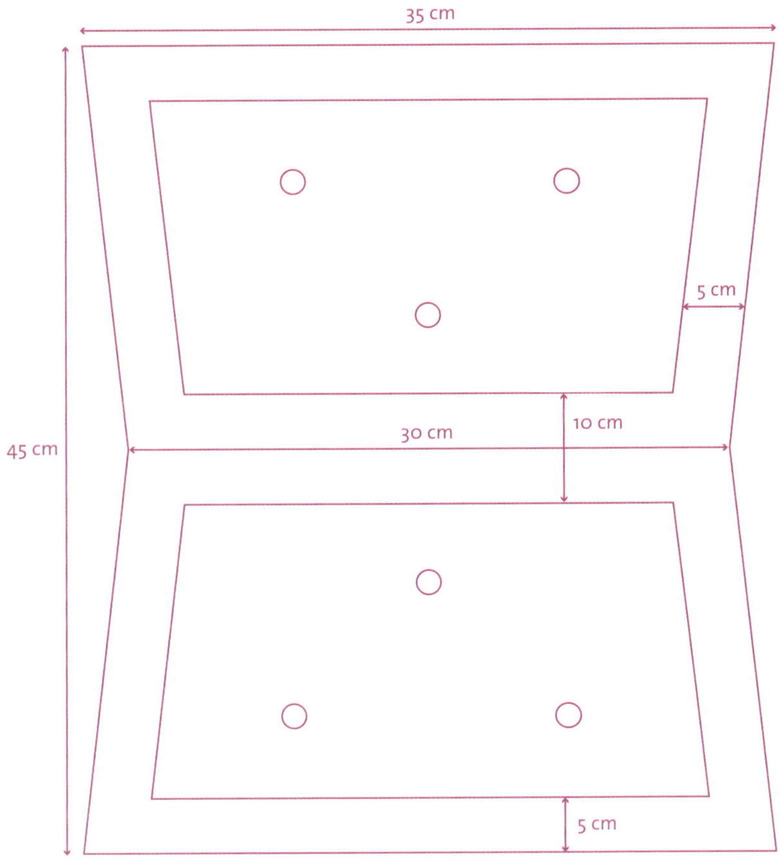

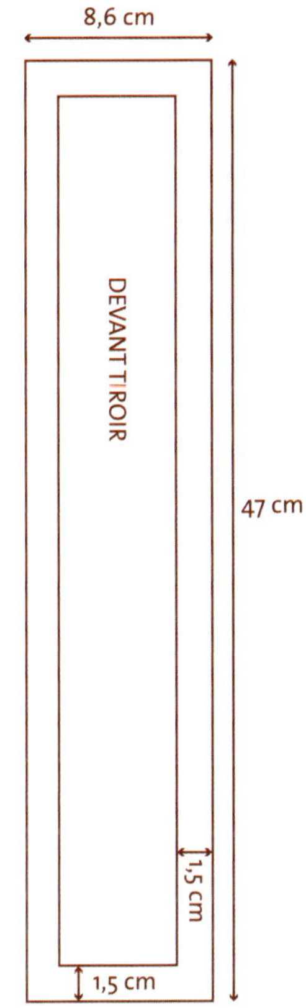

Demi-lune… ethnique ! (p. 60)

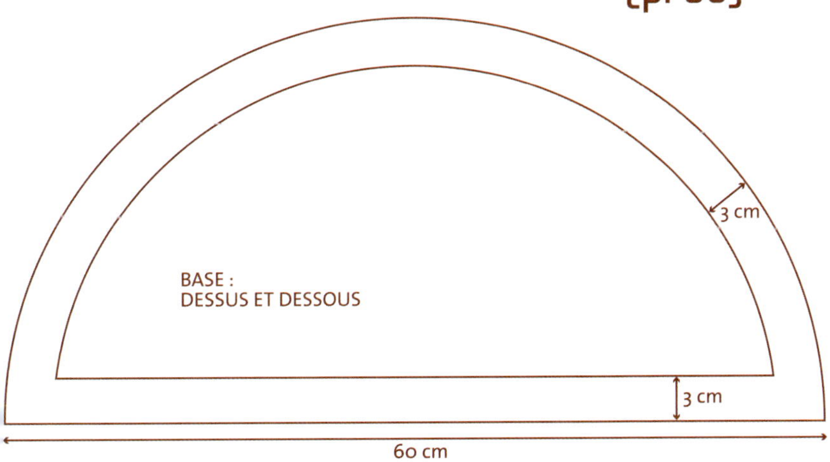

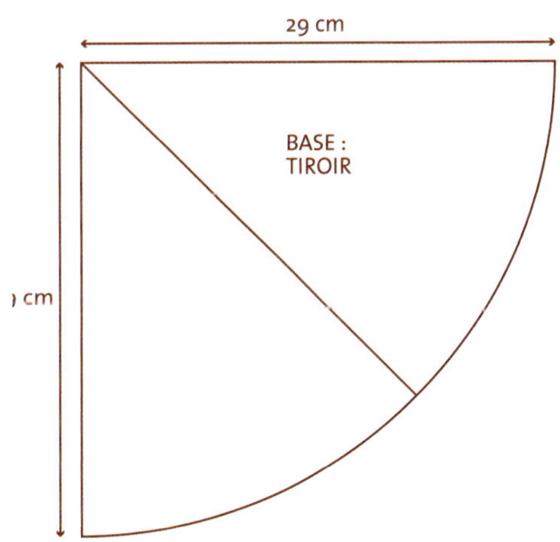

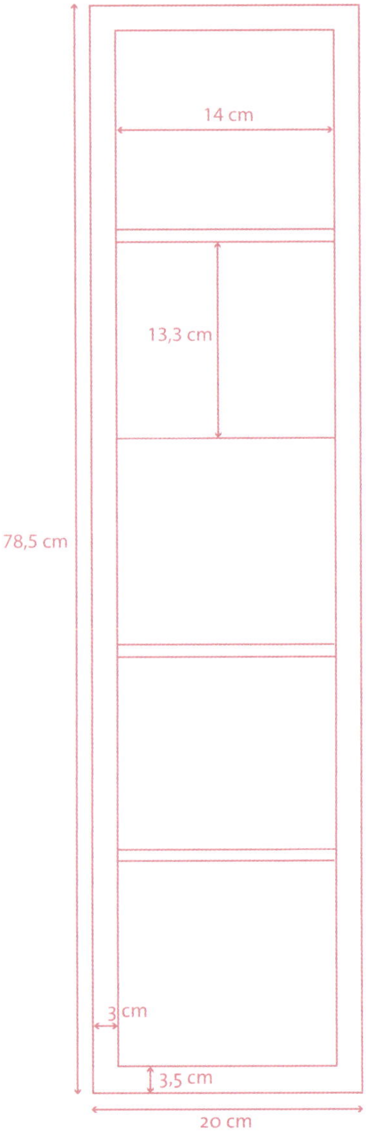

Range-CDs (p. 24)

Silence... je lis ! (p. 16)

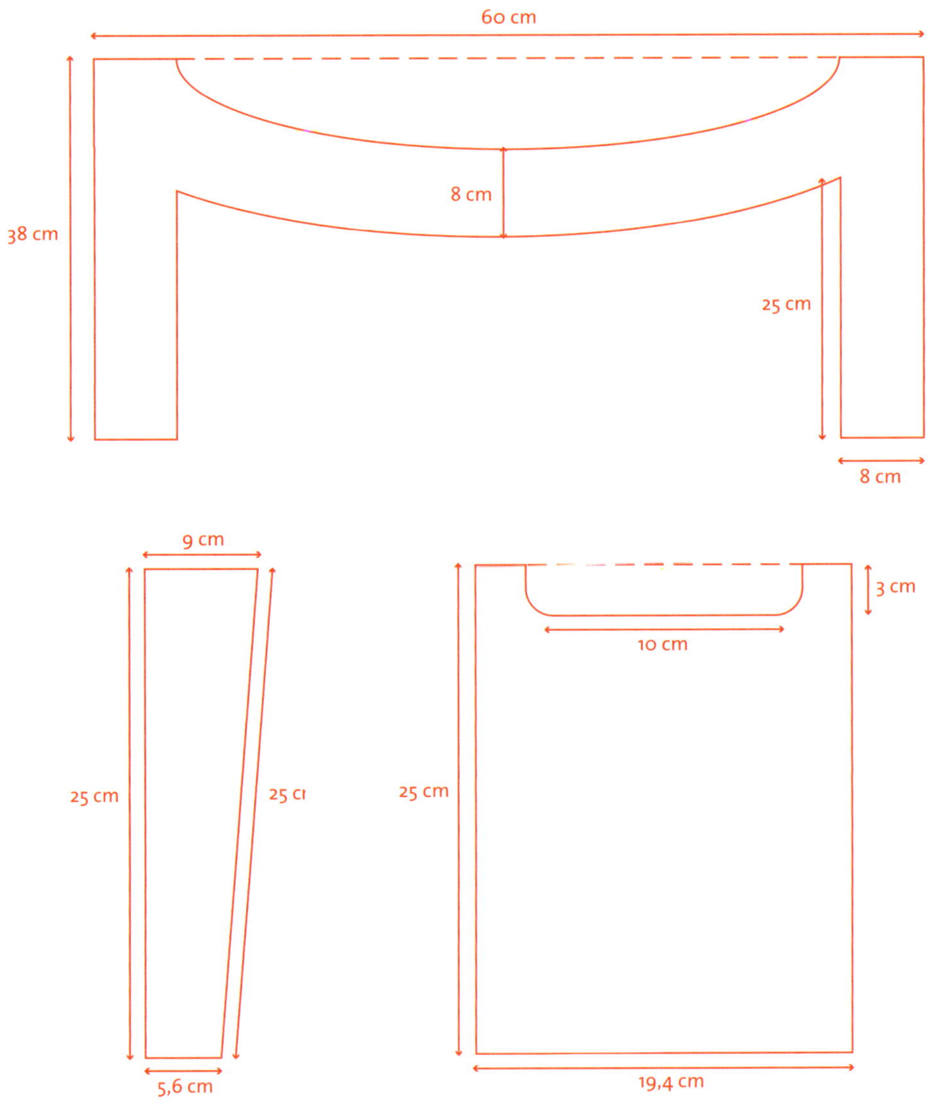

Fauteuil à malice et… à coulisse ! (p. 76)

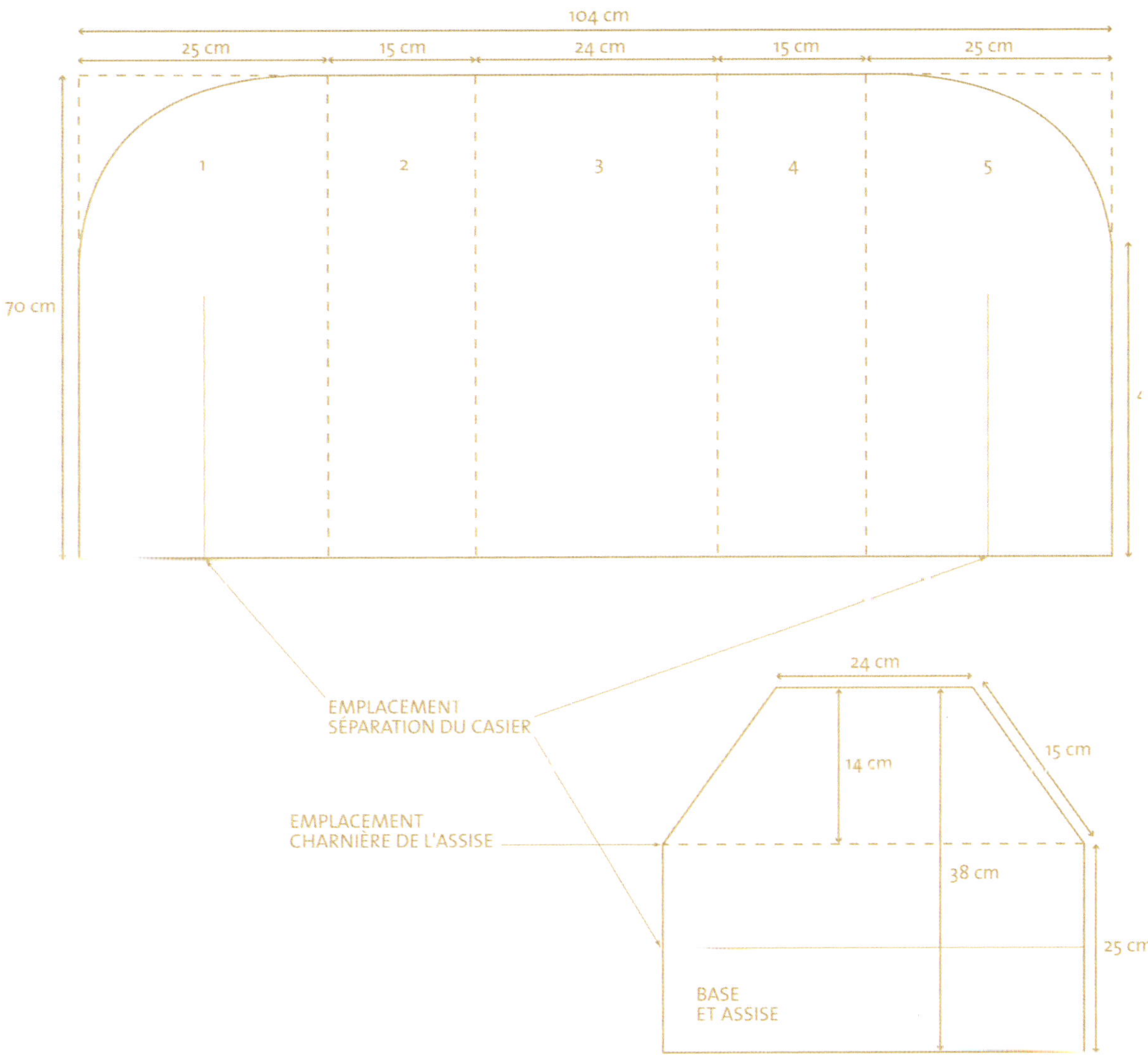

Malle... à bar ! (p. 40)

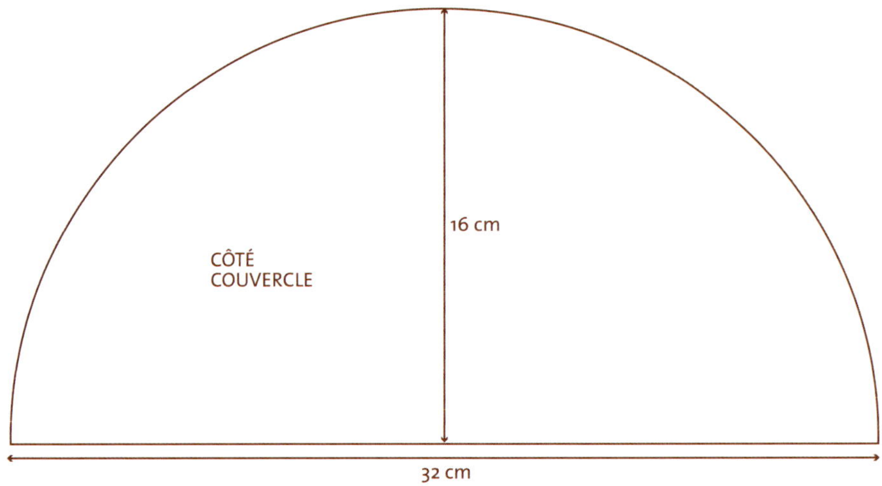

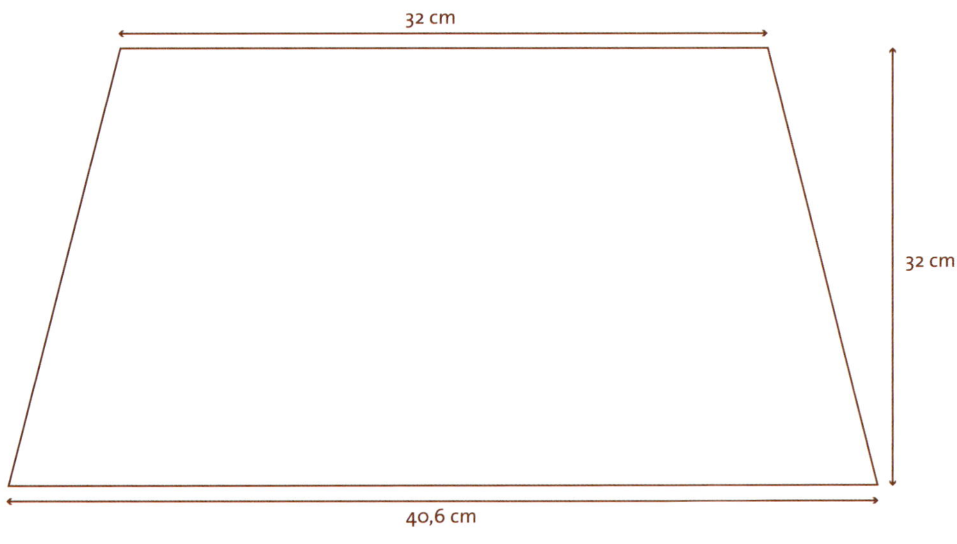

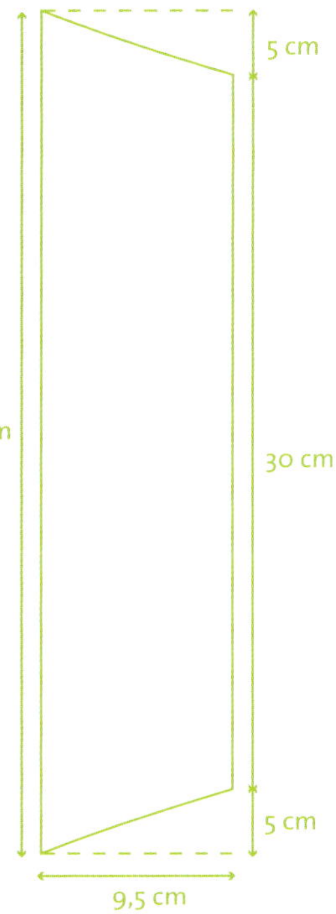

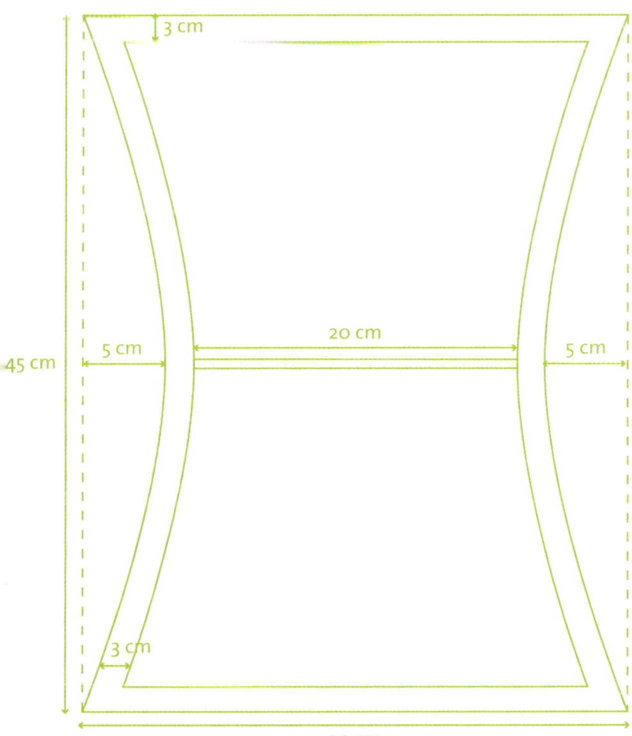

Tutti frutti
(p. 34)

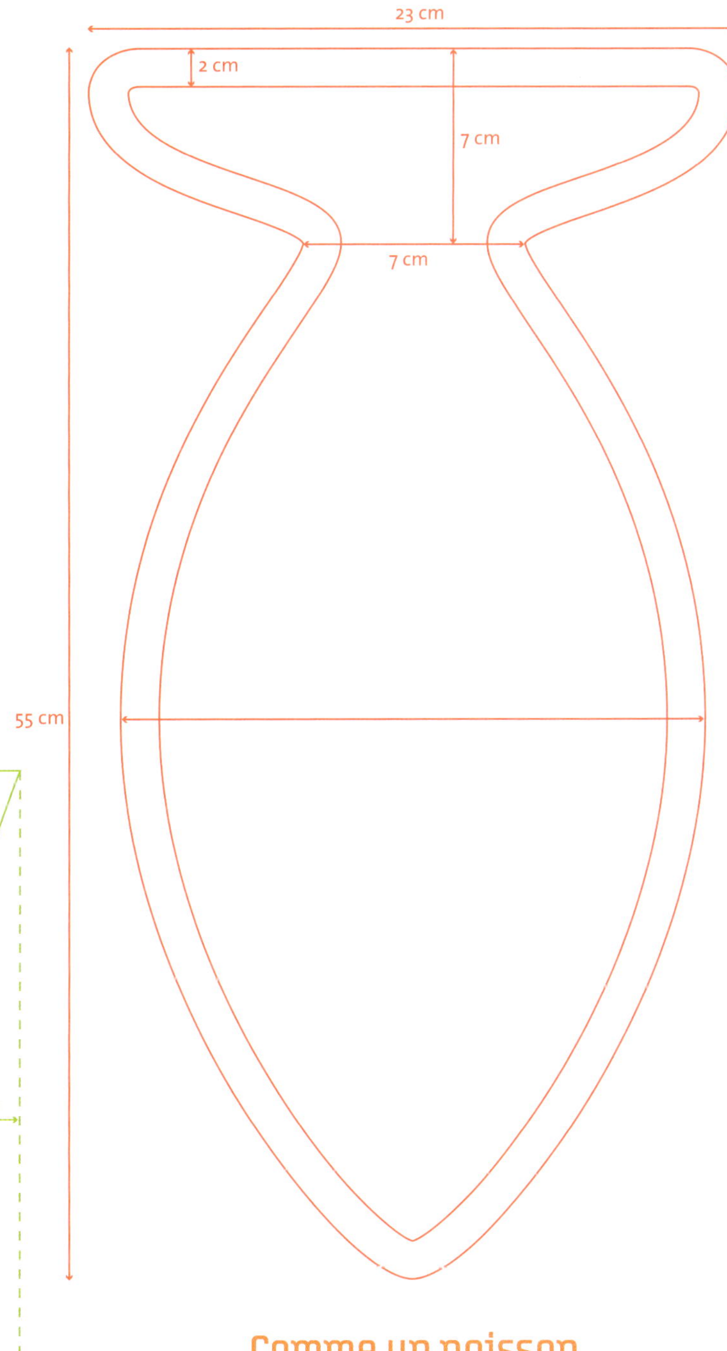

Comme un poisson dans l'eau !
(p. 56)

Porte-revues (p. 50)

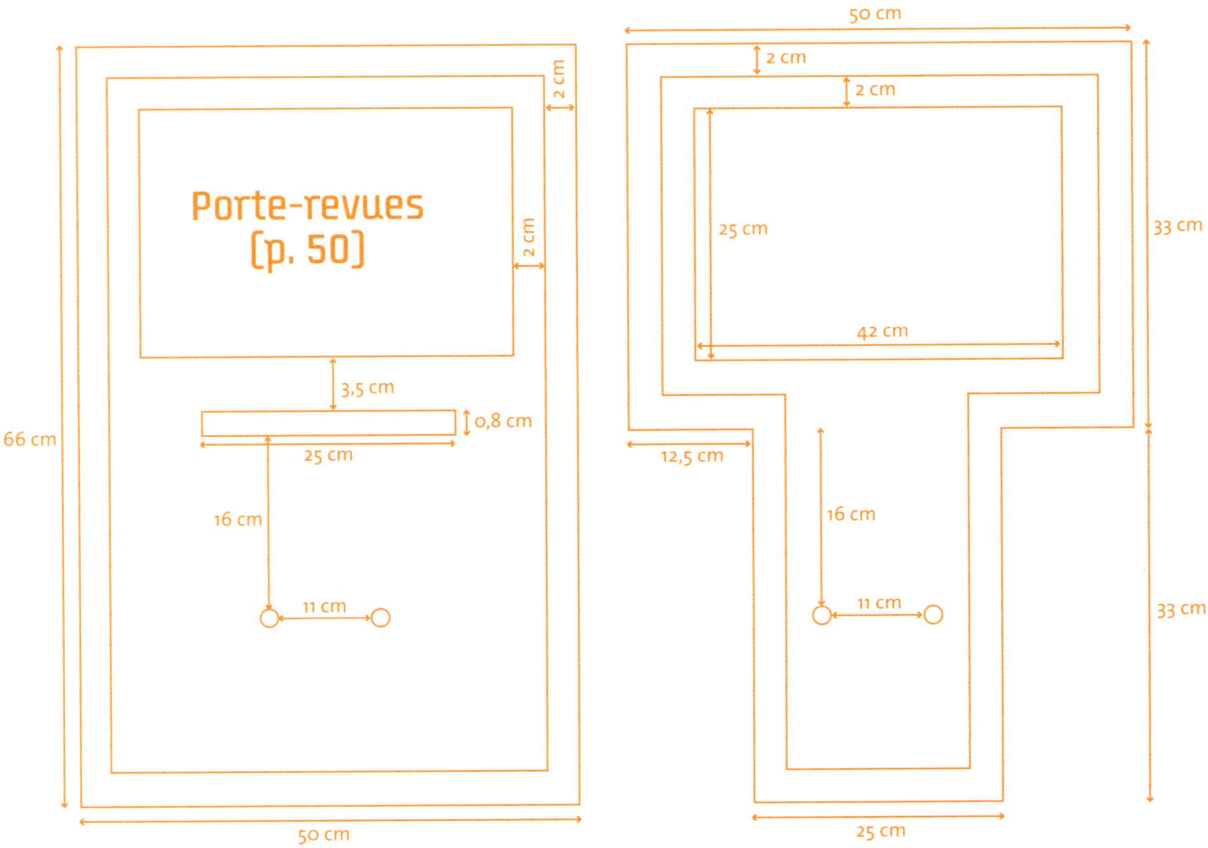

Tapis vert ! (p. 62)

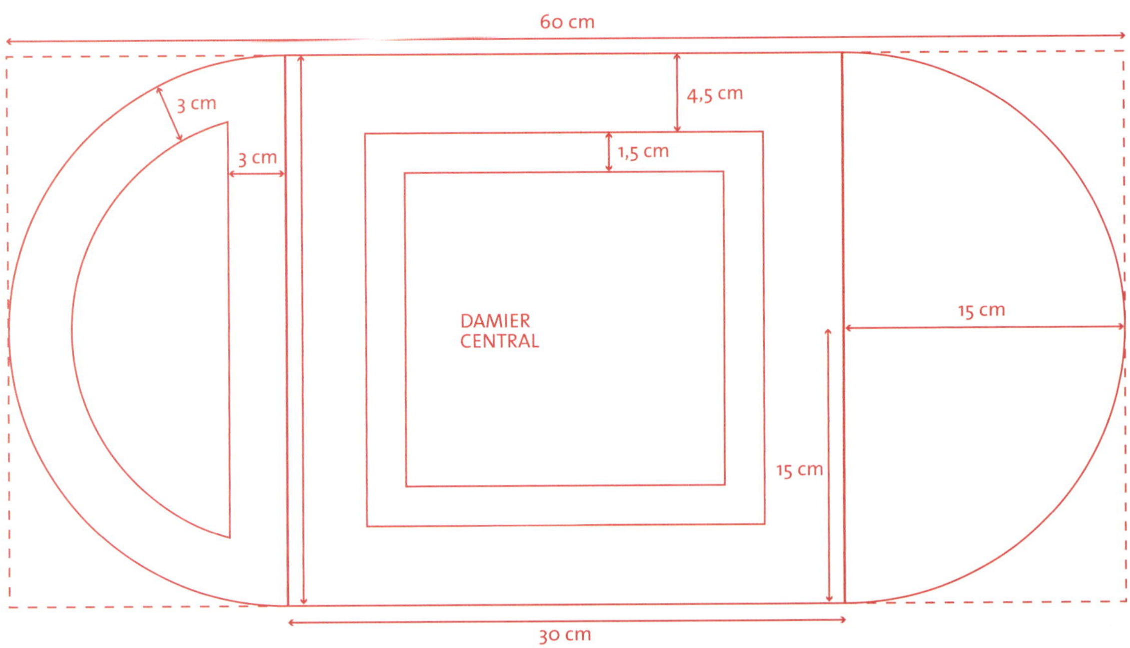

Traversée de la mer rouge ! (p. 28)

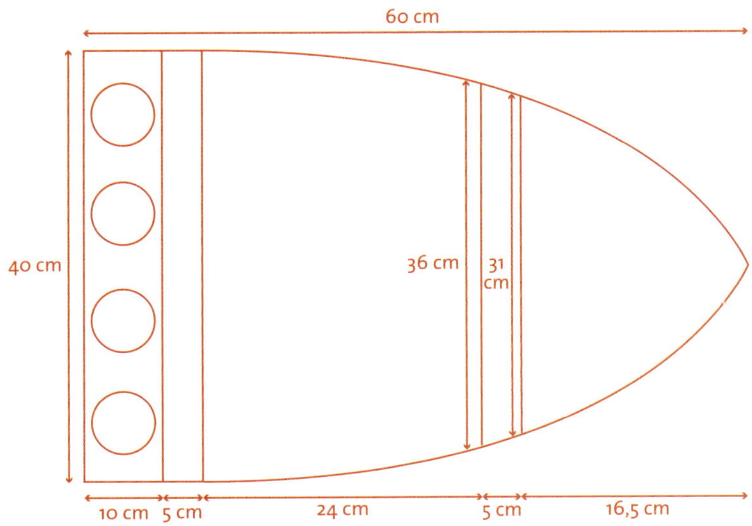

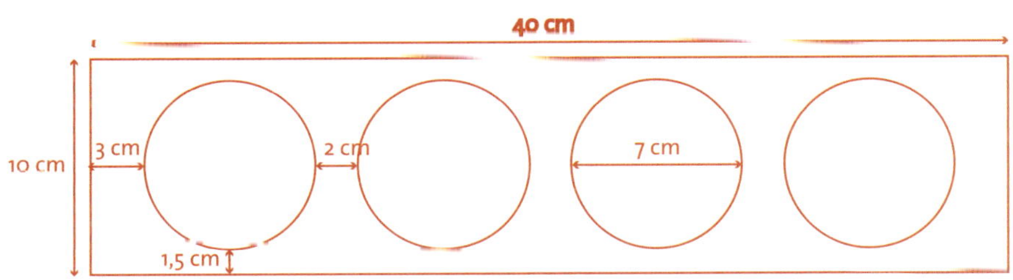

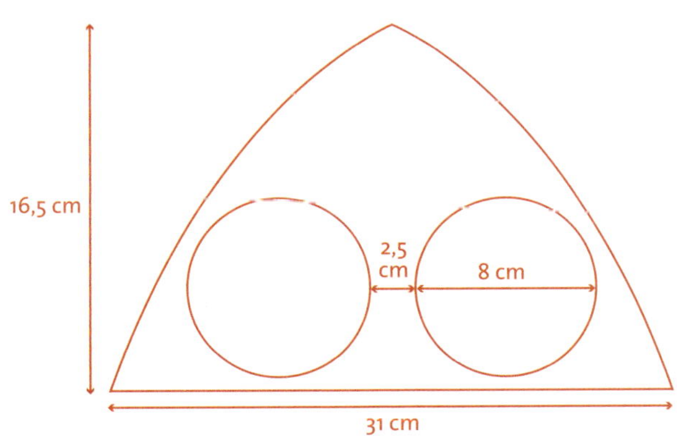

Week-end à Saint-Cast !
(p. 46)

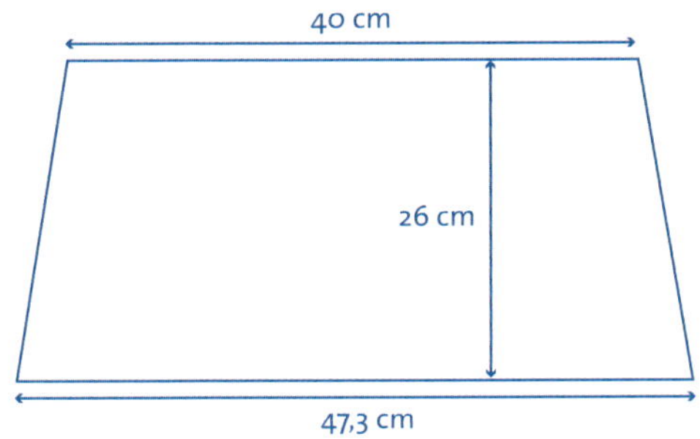

TIROIR 1

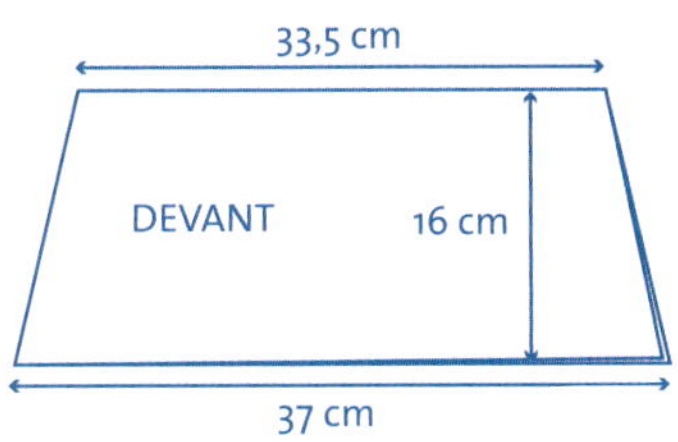

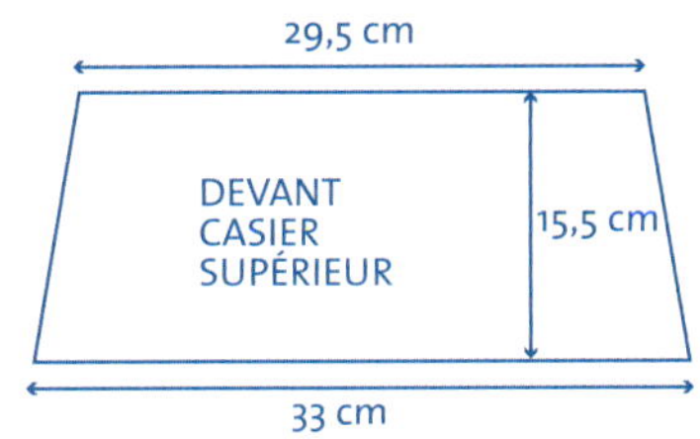

TIROIR 2

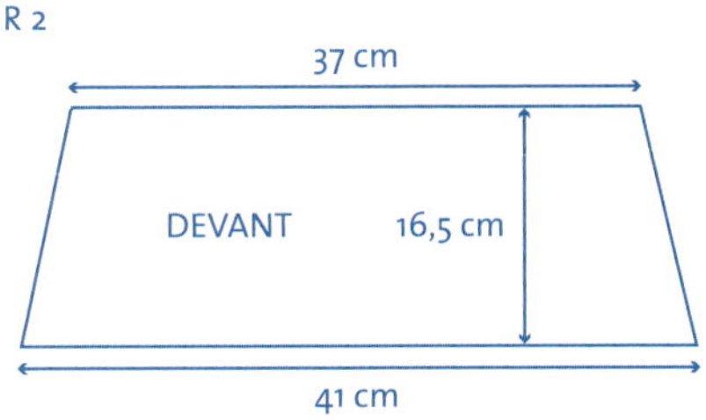

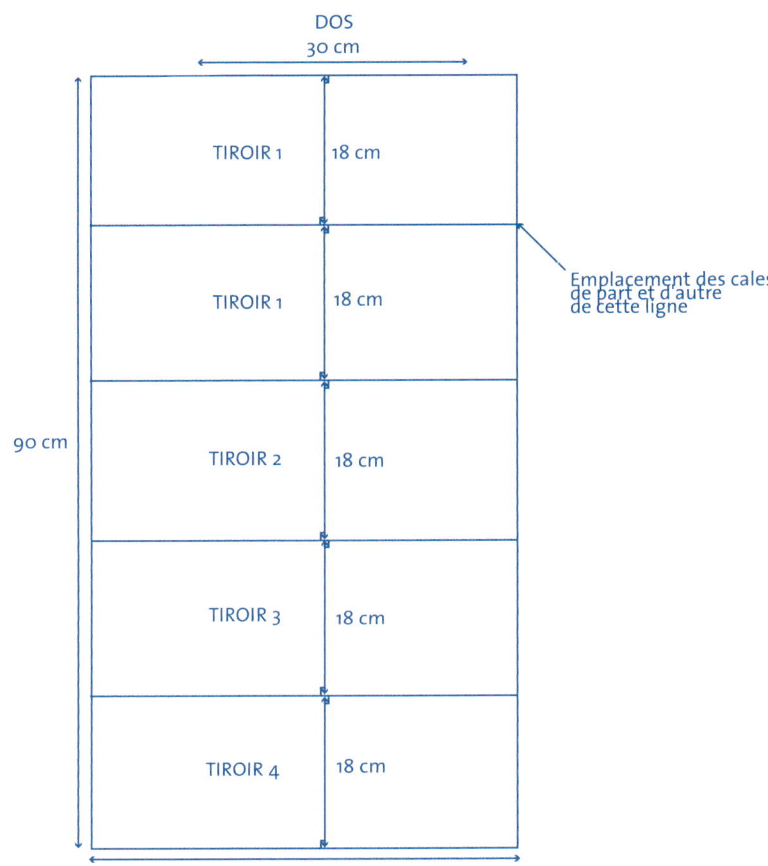

TIROIR 3

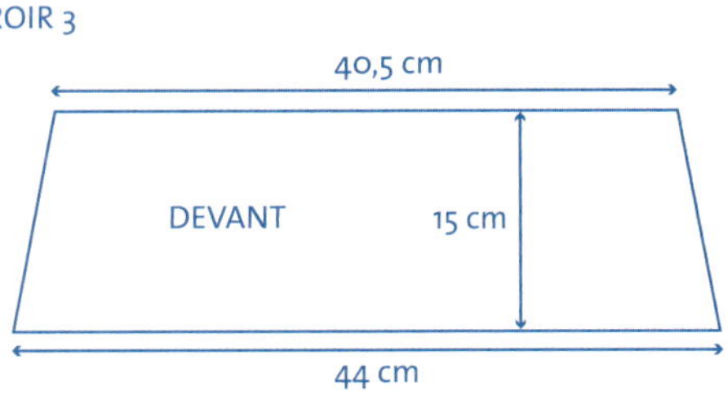

TIROIR 4

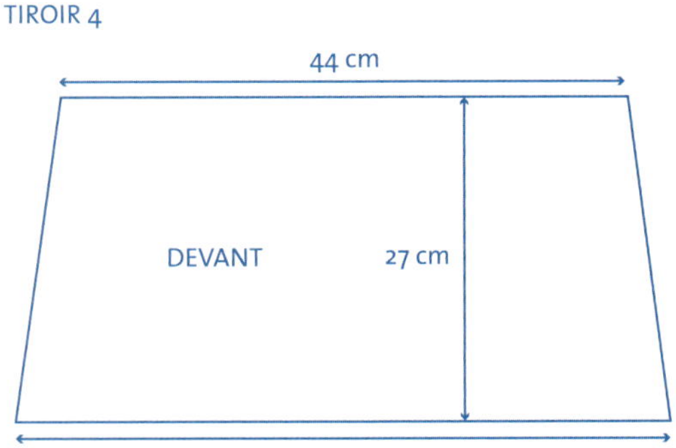

Week-end à Saint-Cast ! (p. 46) - suite

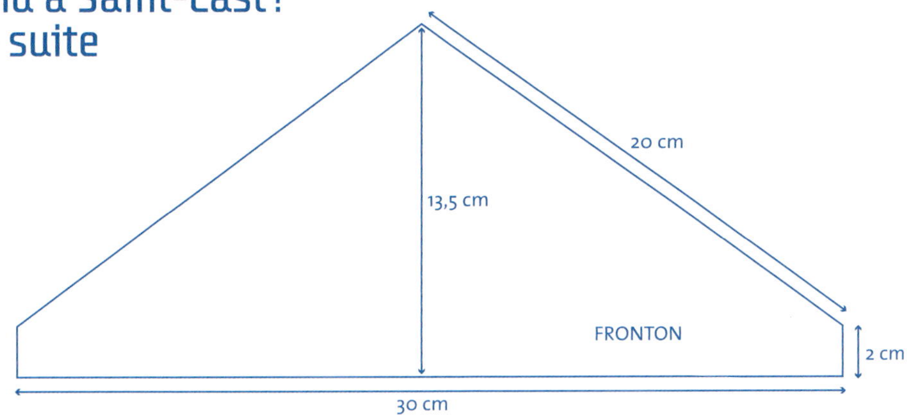

Miroir de salle de bains (p. 66)

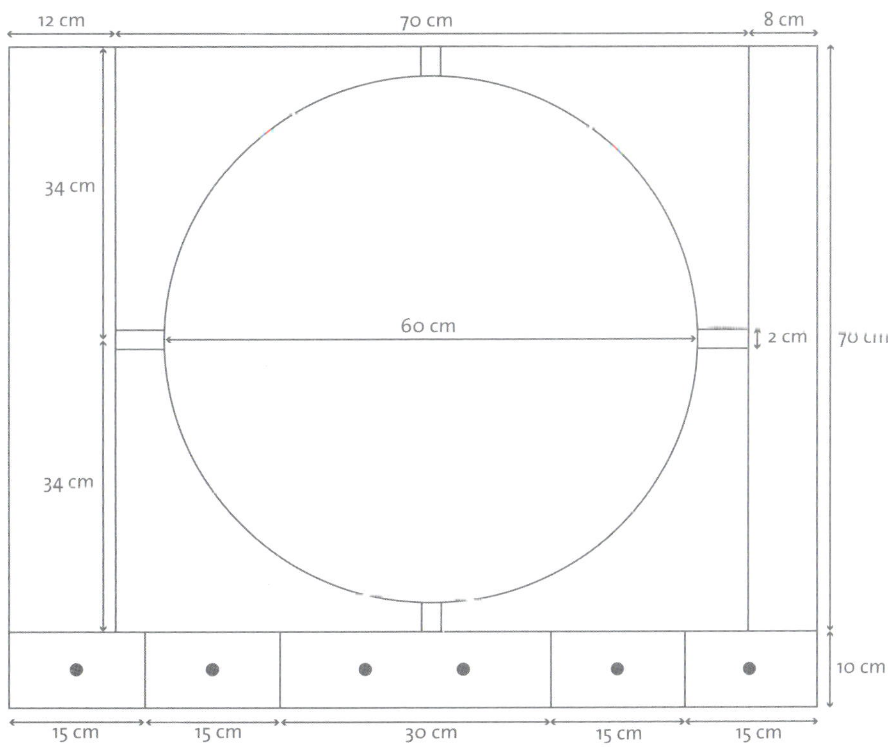

Les bonnes adresses

TISSUS, FEUTRINE, SOIE DAMASSÉES, CUIRS
Bouchara
Liste des magasins sur www.bouchara.com
Marché Saint Pierre
Village d'Orsel, 75018 Paris
Prelle
5, Place des Victoires, 75001 Paris
Toto soldes
Liste des magasins sur www.toto.fr
Dréan négoce (cuirs)
8, rue nouvelle, 94200 Ivry-sur-Seine

SKIVERTEX®
L'Éclat de de verre
Liste des magasins sur www.eclatdeverre.com
La Théière de bois
5, rue Exelmans 78000 Versailles

PAPIER ITALIEN, PAPIER PEINT, PAILLE TRESSÉE
Domus aurea
42, rue d'Assas 75006 Paris.
Heytens
Liste des magasins sur www.heytens.fr
Leroy Merlin
Liste des magasins sur www.leroymerlin.fr
Caselio
Liste des magasins sur www.caselio.com
Créa- Rougié & Plié - Graphigro (tatami)
Liste des magasins sur www.crea.tm.fr
BDF Douineau (paille tressée, rotin)
164, Levée de la Divatte - La Pierre Percée
44450 LA CHAPELLE BASSE-MER/FRANCE
www.bdf-douineau.com
Stouls (papier bois)
Magasin en ligne sur www.stouls-conservation.fr

KIT ÉLECTRIQUE, GUIRLANDE LUMINEUSE ET ACCESSOIRES
BHV
Liste des magasins sur www.bhv.fr
IKEA
Liste des magasins sur www.ikea.fr

Remerciements de l'auteur :

Une fois de plus, bon nombre de mes élèves ont une grande responsabilité dans la qualité de ce nouveau livre de cartonnage assez inédit. Elles m'ont une fois de plus poussée à aller plus loin et surtout plus haut dans l'utilisation de ce banal carton gris. Merci !

Une personne en particulier est aussi à citer, mon ami Joseph qui m'a si souvent conseillée et accompagnée dans ce dur labeur. Merci !

Une mention spéciale pour certains de mes fournisseurs qui ont fait preuve d'une grande générosité pour que je puisse réaliser mes objets avec les matériaux les plus divers et variés et surtout originaux, voire inattendus. Merci !

Véronique, Vanessa et Vincent, mes trois enfants, et tous leurs amis ont bien entendu leur place dans cette rubrique car, sans leurs encouragements et leur soutien, je ne serais que peu de chose. Merci !

À vous tous, mes lecteurs critiques et avisés, pardon pour les erreurs et autres imprécisions et pour votre fidélité. Merci !

Remerciements du photographe :

Merci à mes petits, moyens et grands modèles préférés : Marius, Justine, Théotime, Kérian et Benoit, à Ghislain et Bob le poisson.

Merci à CSAO pour ses tapis colorés, à Micka le brocanteur pour m'avoir ouvert sa caverne, Jeanne son placard et Stef son coffre à jouets...

Merci à Nico et Elsa pour leur grande auto toute automatique...

Et enfin merci à toutes les filles de la BlueTeam...

Conception graphique : Marina Delranc
Mise en pages : Pierre Gourdé
Illustrations : Jean-Louis Massardier
Réalisation photogravure : Peggy Huynh-Quan-Suu
Coordination éditoriale : Marie Baumann
Fabrication : Thomas Lemaître

Directrice de collection : Leslie Viala